학생·직장인·일반인의 필독서!

헷갈리기 쉬운

# 생활 속
# 우리말

# 생활 속 우리말

최점현 지음

## 학생·직장인·일반인의 필독서!

"말 한마디에 천 냥 빚을 갚는다"는 속담이 있듯이 우리의 일상에서도
정확하고 올바른 언어생활은 생활 전반을 풍요롭게 만든다.

생각나눔

『헷갈리기 쉬운 생활 속 우리말』은 그야말로 생활 국어사전이다. 헷갈리기 쉽거나 실제로 헷갈리는 어휘들을 생활 속에서 하나하나 모아서 깔끔하게 정리했기 때문이다. 일반 딱딱한 사전이 아니라서 더 이용하기 편하고 가까이 두고 가슴에 품을 만하다.

그동안 헷갈리는 말들을 모아 설명해 놓은 책들이 많이 나와 있지만, 이 책은 복잡한 설명 대신에 간결한 풀이를 해 놓아 오히려 뜻과 쓰임새의 차이를 금방 알 수 있어 좋다. 무릇 이런 말들은 차이와 쓰임새 맥락을 쉽고 명쾌하게 구별해 내는 것이 중요하다. 이 책의 미덕은 바로 이렇게 명쾌하게 차이를 알 수 있어 좋다.

이제 어휘력은 치열한 삶의 경쟁력이다. 적절한 맥락에서 적절한 어휘를 쓸 때 말은 빛나고, 삶도 빛난다. 그러나 그런 어휘력이 저절로 길러질 리 없다. 실제 삶 속에서 치열하게 고민하고 사전도 자주 찾으며 바른 말 사용을 위해 두루 애쓸 때 진정한 경쟁력이 될 수 있다. 바로 이 책이 그런 경쟁력을 키워 주는 나침판 구실을 할 것이다.

어느 언어나 헷갈리는 말들이 있게 마련이다. 그런 말들일수록 따로 공부하고 확인하면서 몸에 배도록 해야 한다. 그래서 그런 말들이 헷갈리게 하는 갈등의 말이 아니라 더불어 섬세하게 골라 쓸 수 있는 형제 같은, 가족 같은 말들이 되어야 한다. 『헷갈리기 쉬운 생활 속 우리말』은 바로 그런 헷갈리는 말들이 실제 삶 속에서는 더욱 또렷이 다가오게 하는 책이 될 것이다.

─ 김슬옹(세종국어문화원 원장, 훈민정음학 박사, 국어교육학 박사)

평소 정확한 뜻과 쓰임이 헷갈리는 단어들을 메모해두었다가 아내에게 보여주었더니 "우리가 다 알고 있는 내용이고 국어사전에서 찾아보면 되는 것을 힘들게 정리하느냐?"라고 묻는다. 그리고는 이내 "어! 이런 차이가 있네."라면서 관심을 갖는다. 당연히 알고 있을 것이라고 생각한 용어들인데 자세히 들여다보면, 명확한 의미를 몰랐거나 잘못 알고 있는 경우가 있다. 우리말과 글은 우리 민족의 자랑거리 중에 으뜸이다. 무질서한 외래어 유입과 하루가 멀게 생겨나는 신조어 등 여러 문제점으로 혼란스럽다. 우리의 문화자산이 소중하고 중요할수록 보다 더 세심한 관리와 관심이 필요하다.

2019년 10월 11일, 사상 처음으로 세계 태권도 본부의 수장인 국기원장 선거를 중앙선거관리위원회에 위탁하여 실시하였다. 투표결과 62명의 선거인단 중, A 씨는 31표, B 씨는 30표, 무효가 1표였다. 당시 선거 관련 정관에는 과반수를 당선으로 규정하고 있었지만, 선거관리위원회는 31명을 득표한 A 씨의 당선을 확정하였다. '과반수'와 '반수'의 뜻을 간과한 결과였다. 이후 선거에서 패한 B 씨가 국기원장 직무정지 신청을 하게 되고, 법원에서 이를 받아들임으로써 사상 초유의 국기원장 장기 공석 사태가 발생하였다. 이처럼 한마디의 말과 글이 생활주변에서 얼마나 중대한 영향을 미치는지를 실감하면서 태권도인의 한 사람으로서 안타깝게 지켜보았다. 이는 평소 모아두었던 어휘 관련 지식을 한 권의 책으로 묶게 되는 결정적 동기가 되었다.

뜻을 정확히 알고, 적절한 어휘를 선택하여 올바르게 표현하는 것은 대단히 중요한 일이다. 우리말의 올바른 사용에 조금이라도 도움이 된다면 필자는 자료를 정리한 보람이 있고 더할 나위 없는 기쁨이다. 곳곳의 죽림칠현들을 의식하여 감히 출판은 엄두도 못 내었으나, 주위의 격려와 권유로 용기를 내었다. 그동안 자료 모으기와 글쓰기에 도움을 주신 분들과 이를 책으로 엮어 펴낼 수 있도록 흔쾌히 출판을 맡아주신 이기성 생각나눔 출판사 대표님께 감사를 드린다.

2021년 4월, 춘천 봉의산 자락에서…

## 일러두기

1. 많은 사람이 헷갈려 하거나 오용하는 생활용어를 그 사전적 의미와 용례를 들어 비교 설명하는 것에 중점을 두었다. 누구나 쉽게 바른 언어생활의 참고와 계기가 되었으면 한다. 어법이나 글의 쓰임 등 언어학적, 어문학적 측면에서는 부족한 부분이 많을 수도 있음을 밝혀둔다.

2. 명사형 위주로 헷갈리는 단어를 비교하였으며, 대부분 표준국어대사전을 참고하였다. 언중들의 쓰임에 따라 근래에 표준어가 된 단어와 어원이나 유래 등에 관해 연구가 진행 중에 있는 내용도 참고사항으로 명시하였다. 단어의 사전적 풀이와 예문을 들어 그 쓰임에 이해를 돕고자 했다.

3. 본문에 추가하여 참고 사항은 '✐' 표기를 하였고, 이해를 돕기 위한 예문은 '예' 표기를 하였다. 두 단어의 공통적인 내용이나 이해를 돕기 위하여 부가적인 설명은 '➜'표시를 하였다.

# |찾아보기|

## ㄴ

## ㅂ

## ㅊ

ㄱ

기 역

# 가락지·반지·지환

### 가락지
주로 여성의 손가락에 끼는 두 짝의 고리를 말한다. 지환(指環)이라고도 한다. 한 쌍을 끼고 있을 때는 가락지이고, 한 짝을 끼면 반지가 된다.

### 반지(斑指)
장식으로 손가락에 끼는 '한 짝의 고리'로 위쪽에 보석을 박거나 무늬를 새겨 꾸미기도 한다.

### 지환(指環)
주로 여자가 손가락에 끼는 두 짝의 고리를 말한다.

➜ 종종 장교 후보생들이 임관할 때 후배들이 지환(指環)을 증정한다는 말을 하는데, 반지(斑指)라고 하는 것이 보다 적절한 표현이다. 한 짝을 끼는 반지는 두 짝인 가락지의 반(半)을 낀다고 하여 '반지'로 불렀다고 한다. 가락지는 예로부터 정성을 담은 신표로 주고받았으며, 반지는 미혼·기혼을 가리지 않고 끼지만, 이성지합, 부부일신을 상징하는 가락지는 기혼여자가 사용한다[01]

---

01) 한국 민속대백과사전.

# 가래·쟁기

## 가래

흙을 파헤치거나 떠서 던지는 기구. 또는 흙을 떠서 세는 단위를 말한다.

🖋 한 사람이 가래를 잡고, 두 사람 또는 네 사람이 가래에 달린 끈
을 잡아 당겨 가래질을 한다.

## 쟁기

논밭을 가는 농기구를 말한다. 술[02], 성에[03], 한마루[04]를 삼각으로 맞춘 것으로,
술 끝에 보습[05]을 끼우고, 그 위에 한마루 몸에 의지하여 볏[06]을 덧대고, 성에
앞 끝에 줄을 매어 소에 멍에를 건다. 겨리[07]와 호리[08] 두 가지가 있다.

# 가루·분말

## 가루

딱딱한 물건을 보드라울 정도로 잘게 부수거나 갈아서 만든 것을 말한다.

🖋 자연적이거나 인공적인 상태의 물질을 모두 일컫는다.

예: 꽃**가루**와 밀**가루**

## 분말(粉末)

딱딱한 물건을 보드라울 정도로 잘게 부수거나 갈아서 만든 것을 말한다.

예: 알약을 빻아 미세한 **분말**로 만들다.

---

02) 쟁기의 몸 아래로 비스듬히 뻗어나간 나무. 끝에 보습을 맞추는 넓적하고 삐죽한 바닥이 있고,
그 뒤에 네모진 한마루 구멍이 있다.
03) 쟁기의 윗머리에서 앞으로 길게 뻗은 나무. 허리에 한마루 구멍이 있고 앞 끝에 물추리막대가
가로 꽂혀 있다.
04) 쟁기의 성에와 술을 꿰뚫어 곧게 선 긴 나무를 말한다.
05) 쟁기 등의 술바닥에 끼워 땅을 갈아 흙덩이를 일으키는 데에 쓰는 삽 모양의 쇳조각이다.
06) 보습 위에 비스듬하게 덧댄 쇳조각. 보습으로 갈아 넘어가는 흙을 받아 한쪽으로 떨어지게 한다.
07) 소 두 마리가 끄는 쟁기.　　08) 소 한 마리가 끄는 쟁기.

## 가정 · 집안

### 가정(家庭)

한 가족이 생활하는 집. 또는 가까운 혈연관계에 있는 사람들의 생활 공동체를 말한다.

예: 교수님 **가정**에 초대를 받았다. / 예: **가정**의 평안과 건강을 빈다.

### 집안

가족 구성원으로 하여 살림을 꾸려 나가는 공동체. 또는 가까운 일가를 말한다.

🖋 본래는 '집의 안'을 가리키는 표현이었으나 새로운 뜻을 지닌 하나의 단어가 된 말이다. 그곳에 사는 사람들의 인연, 가족이나 가까운 일가까지를 포함하며 가정보다 넓은 의미로 쓰인다. 집의 안과 밖을 구분할 때는 '집 안'이라고 띄어 써야 한다.

예: **집안** 형편이 어려워서 대학진학을 포기했다.

예: 우리 **집안**에서 장관이 두 명이나 나왔다.

## 가정부 · 가정부인

### 가정부(家政婦)

일정한 보수를 받고 집안일을 하여 주는 여자를 말한다. 가정부(家政婦)의 한자 표기는 가족이 생활하는 집이나 가족 공동체를 뜻하는 가정(家庭)이 아니라, 집안 살림을 다스린다는 뜻의 가정(家政)을 사용한다.

🖋 가정부와 비슷한 말은 파출부(派出婦, 보수를 받고 출퇴근을 하면서 집안일을 도와주는 여자), 가사도우미, 식모 등이 있다.

### 가정부인(家庭婦人)

집안에서 살림하는 부인을 일컫는다.

# 가족·식구

## 가족(家族)
주로 부부를 중심으로 한, 친족 관계에 있는 사람들의 집단, 또는 그 구성원을 말한다. 혼인, 혈연, 입양 등으로 이루어진다.
> 예: **가족**여행을 떠난다.

## 식구(食口)
같은 집에서 살며 끼니를 함께 하며 사는 사람. 또는 한 조직에 속하여 함께 일하는 사람을 비유적으로 일컫는 말이다.
> 예: 딸린 **식구**가 많다.
> 예: 우리 회사 **식구**가 되었으니 잘해 봅시다.

# 각출·갹출

## 각출(各出)
각각 나옴. 또는 각각 내놓음을 말한다.
> ✎ 개인이 점심 식사비용을 나누어 낼 때나 기업체 등이 각종 성금 등을 각각 내놓는 것을 의미할 때는 각출이라는 표현을 한다.

## 갹출(醵出)≒거출
같은 목적을 위하여 여러 사람이 돈을 나누어 내는 것을 말한다.
> ✎ 특정 비용충당 등 목적이 뚜렷한 모금의 의미로 사용될 경우에는 갹출이라는 표현을 한다. 각출과 달리 갹출은 같은 목적을 위해 돈을 나누어 내는 것이다.
> 예: 기업마다 수재민 돕기 성금 **갹출**을 약속하였다.

➜ 어떤 식사자리에서 먹은 음식값을 각자 나누어 낸다면 각출이 어울리고, 병문안을 갈 때 여러 사람이 일정 금액을 마련하기 위하여 돈을 나누어 낸다면 갹출이 어울린다.

## 간인·관인

### 간인(間印)
함께 묶인 서류의 종잇장 사이에 걸쳐서 도장을 찍는 것을 말한다.

예: 매매 계약서에는 반드시 **간인**을 찍어야 한다.

### 관인(官印)
정부기관에서 발행하는, 인증(認證)이 필요한 문서 따위에 찍는 도장이다. 청인(廳印)[09]과 직인(職印)[10]으로 구분한다.

예: 가짜 **관인**을 이용하여 허위증명서를 만들었다.

## 갈(葛)·등(藤)

### 갈(葛)
칡을 뜻하는 한자다. 콩과의 낙엽 활엽 덩굴성 식물이다. 칡(葛)은 왼쪽으로 감아 올라가는 특징이 있다.

### 등(藤)
등나무를 뜻하는 한자다. 콩과의 낙엽 덩굴성 식물이다. 등(藤)은 오른쪽으로 감아 올라가는 특성이 있다.

---

09) 관공서를 나타내는 도장이다. 예로, '국토교통부'라고 새긴다.
10) 직무상 사용하는 도장이다. 주로 공무원의 직위 명칭에 '인(印)' 자를 붙인다. 예로, '국토교통부 장관인'이라고 새긴다.

→ 갈등은 한자 그대로 칡과 등나무를 뜻하는 말로, 칡과 등나무가 서로 얽히는 것과 같이 개인이나 집단이 서로 목표나 이해관계가 달라 적대시 하거나 충돌함. 또는 그런 상태를 말한다.

## 갈음·가늠·가름

### 갈음

다른 것으로 바꾸어 대신함을 뜻한다.

　　예: 전화 한 통화로 새해 인사를 **갈음**하다.

### 가늠

목표나 기준에 맞는지 안 맞는지를 헤아려 봄. 또는 헤아려 보는 목표와 기준을 말한다. 또 사물을 어림잡아 헤아림을 뜻한다.

　　예: 이 건물의 높이가 **가늠**이 안 된다.

　　예: 이번 태풍의 경로는 **가늠**하기 어렵다.

### 가름

쪼개거나 나누어 따로따로 되게 하는 일. 또는 승부나 등수 따위를 정하는 일을 말한다. 옳고 그름이나 좋고 나쁨을 갈라놓는 일. 차이를 구별하거나 구분하는 일을 뜻하기도 한다.

　　예: 사소한 일로 편**가름**은 좋지 않다. / 예: 연장경기 끝에 승패가 **가름** 났다.

# 감청·도청

### 감청(監聽)

기밀을 보호하거나 수사 따위에 필요한 참고 자료를 얻기 위하여 통신 내용을 엿듣는 일을 말한다. 국가(법원)의 허가를 거치고 적법한 경우에 주로 사용한다.

　　예: 적 부대 간의 교신을 **감청**하고 있다.

### 도청(盜聽)

남의 이야기, 회의의 내용, 전화 통화 따위를 몰래 엿듣거나 녹음하는 일을 말한다.

　　예: **도청**장치

➡ 도청은 개인의 사생활을 법적 권한 없이 몰래 엿보거나 엿듣는(몰래카메라, 심부름센터의 전화도청 등) 불법행위를 말한다. 감청을 하기 위해서는 정보기관의 수장이 국가안보 위험을 방지하기 위해 필요한 정보수집에 한해서, 대통령의 승인이나 법원의 허가를 받아야 한다.

# 갑절·곱절

### 갑절

어떤 수나 양을 두 번 합한 만큼을 뜻한다.

　　예: 이곳 집값은 다른 곳의 **갑절**이다.

### 곱절

어떤 수나 양을 두 번 합한 만큼. 또는 일정한 수나 양이 그 수만큼 거듭됨을 이르는 말이다. 줄여서 '곱'이라고도 한다.

　　예: 날씨가 더워지면서 일하기가 **곱절**로 힘들다.

➡ 곱절, 세 곱절, 네 곱절이라는 말은 두 배, 세 배, 네 배라는 말이다. 같은 숫자의 수량을 몇 번이나 다시 합쳐 가는데 흔히 '곱하기 한다'라고 한다. 이 곱하기 하는 것을 '곱절', '세 곱절'이라고 보면 된다. '갑절'은 말 자체가 두 배를 나타내기 때문에 두 갑절, 세 갑절 등으로 표현하지 않는다.

## 값 · 삯

### 값

사고파는 물건에 일정하게 매겨진 액수. 또는 물건을 사고팔 때 주고받는 돈을 말한다. 어떤 사물의 중요성이나 의의. 노력이나 희생에 따른 대가. 어떤 것에 합당한 노릇이나 구실을 말하기도 한다.

    예: **값**이 비싸다.

    예: **값**을 치르다.

    예: 남을 위해 봉사한 그의 삶은 **값**이 있는 것이었다.

    예: 나잇**값** 좀 해라!

### 삯

어떤 일을 한 대가로 주는 돈이나 물건을 말한다. 시설을 이용한 대가를 의미하기도 한다.

    예: 어머니가 이웃집에 '**삯**'을 받고 일한다.

    예: 품**삯**을 주다.

➡ 차(車)를 구입하고 내는 돈은 '찻값'이고, 차(車)를 이용하고 내는 돈은 '찻삯' 또는 '차비(車費)'이다. 마찬가지로 먹는 배(pear)를 구입하는 경우는 '배값'이고 배(船)를 탈 때 내는 돈은 '뱃삯'이다.

# 강사(講師)·강사(講士)

## 강사(講師)

학교나 학원 따위에서 위촉을 받아 강의를 하는 사람을 말한다. 모임에서 강의를 맡은 사람을 일컫기도 한다. 영어로 'teacher'의 개념으로 본다.

예: 강남의 학원 **강사**는 억대 연봉을 받는다.

## 강사(講士)

강연회에서 강연을 하는 사람을 말한다. 유의어로는 변사, 연사 등이 있다. 영어로 'speaker'의 개념이다.

예: 오늘 초청**강사**는 북한에서 귀순한 홍길동 박사입니다.

# 개발·계발

## 개발(開發)

토지나 천연자원 따위를 유용하게 만듦. 또는 지식이나 재능 따위를 발달하게 하거나, 산업이나 경제 따위를 발전하게 함을 말한다. 새로운 물건을 만들거나 새로운 생각을 내어놓음을 일컫기도 한다.

예: 수자원 **개발**, 택지**개발** 등 / 예: 회사 사원의 능력을 **개발**하다.

예: 수도권 **개발** 권역을 설정하였다. / 예: 신제품 **개발** 전략은 획기적이다.

## 계발(啓發)[11]

슬기나 재능, 사상 따위를 일깨워 줌. 또는 지식이나 재능 따위를 발달하게 하는 것을 말한다.

예: 창의성 **계발**, 소질 **계발** 등

---

11)  계발은 무엇이 잠재되어 있어야 하지만, 개발은 이러한 전제가 없다.

→ 개발과 계발은 비슷한 말로 문맥상 별 차이 없이 쓸 수 있으나, 개발은 기술·경제·인력 등 물질적인 것과 능력·재능 등을 가리키는 말들과 어울리며, 계발은 능력·재질·재능 등 인간 속성을 가리키는 말에 국한되어 잘 어울린다.

## 개비·개피

### 개비

가늘게 쪼갠 나무토막이나 조각, 쪼갠 나무토막을 세는 단위를 이르는 말이다.

예: 성냥**개비** 하나로 온 산을 태운다.

### 개피

개비의 비표준어이다. 장작개피, 성냥개피, 담배가치, 향 몇 가피 등도 비표준어이다. 표준어는 개비뿐이다. 다만 낱담배를 이르는 말로 '가치담배'는 표준어로 인정하고 있다.

## 개펄·갯벌

### 개펄

밀물 때는 물에 잠기고 썰물 때는 물 밖으로 드러나는 모래 점토질의 평탄한 땅이다. 갯가(또는 바닷가)에 가면 물과 직접 맞닿은 곳에 거무스름하고 미끈미끈한 고운 흙이 깔린 부분이 있는데, 이를 '개흙'이라고도 한다. 개흙이 깔린 땅을 '개펄'이라고 한다.

예: 밀물이 빠져나간 **개펄**은 지질펀펀했다.

### 갯벌

밀물 때는 물에 잠기고 썰물 때는 물 밖으로 드러나는 모래 점토질의 평탄한 땅을 말한다. 개흙이 깔린 부분 외에 모래가 깔린 부분까지 좀 더 넓은 부분을 이른다.

예: 썰물 때는 드넓은 **갯벌**이 드러난다.

→ 종전에는 개흙이 깔린 벌판을 뜻하는 '개펄'과 바닷물이 드나드는 모래톱을 뜻하는 '갯벌'을 구분한 바 있으나, 현실적으로 별 차이가 없이 쓰이는 것을 반영하여 국립 국어원에서 동의어로 인정하였다.

# 거시기·거시키

## 거시기
이름이 얼른 생각나지 않거나 바로 말하기 곤란한 사람 또는 사물을 가리키는 대명사. 또는 말하는 중에 갑자기 하려는 말이 금방 생각나지 않거나, 바로 말하기가 곤란할 때 하는 말을 말한다.

　　예: 저기 책상 위 **거시기** 좀 갖다 줘!

## 거시키
'거시기'의 비표준어다.


# 게릴라·유격대·편의대

## 게릴라(Guerrilla)
적의 배후나 측면에서 기습, 교란, 파괴 따위의 활동을 하는 특수부대나 함대, 또는 비정규전 부대를 말한다. 또는 비정규전 부대를 말한다. 또는 게릴라 전술로 적군을 교란하는 부대를 말하기도 한다. 스페인어인 'Guerra(war)'와 'illa(little)'의 복합어로 제복을 착용하지 않고, 정규군에 속하지 않으면서 대적 전투행위를 하는 사람. 또는 그 단체를 말한다.

　　예: 부대가 이동 중 **게릴라**의 기습을 받았다.

## 유격대(遊擊隊)
적의 배후나 측면에서 기습, 교란, 파괴 따위의 활동을 하는 특수부대나 함대, 또는 비정규전 부대를 말한다.

　　예: 적지에서 활동할 **유격대**에 자원했다.

### 편의대(便衣隊)

책임지역 내 침투한 적을 탐지·색출하기 위해 그 지역의 환경에 맞도록 농민, 약초꾼, 행상, 나무꾼 등으로 가장하여 주민과 동일한 행동을 하는 임시 특별 부대를 말한다. 사복 차림으로 적 지역에 들어가서 후방을 교란하고 적정을 탐지하는 부대를 말하기도 하며 편의 공작대라고도 한다.

## 격멸·섬멸

### 격멸(擊滅)

전쟁이나 전투 따위에서 적을 없앰. 또는 군사에서는 정보, 기동, 화력, 지휘 통제 등 전장 기능체계의 전투력을 저하시켜 전술적 임무를 수행할 수 없도록 하는 것이다.

예: 적 부대를 **격멸**하고, 중요지형을 확보하였다.

### 섬멸(殲滅)

모조리 무찔러 멸망시킴을 뜻한다. 군사에서는 적의 병력과 장비를 완전히 사살, 파괴하여 저항 근원을 모두 말살시키는 것을 말한다.

예: **섬멸**작전은 인원과 장비를 모두 없애는 것에 중점을 둔다.

# 격언·명언·금언

### 격언(格言)[12]

오랜 역사적 생활체험을 통하여 이루어진 인생에 대한 교훈이나 경계 따위를 간결하게 표현한 짧은 글을 말한다.

예: 시간은 금이다. / 예: 빈 수레가 요란하다.

### 명언(名言)

이치에 맞는 훌륭한 말이나 널리 알려진 말로 일반적으로 누구의 말인지 알 수 있는 경우가 많다.

예: 나무를 베는데 6시간이 주어진다면, 4시간은 도끼날을 가는 데 쓴다(링컨). / 예: 아는 것이 힘이다(F.베이컨).

### 금언(金言)

삶의 지혜를 일깨워주는 금처럼 귀중한 말이다. 삶의 본보기가 될 만한 귀중한 내용을 담고 있는 짧막한 어구를 말한다.

예: 해가 비칠 동안에 풀을 말려라.

예: 만나는 사람마다 교육의 기회로 삼아라.

## 격투(格鬪)·격투(激鬪)

### 격투(格鬪)[13]

서로 맞붙어 치고받으며 싸우는 것을 말한다. '격식 격(格)' 자를 사용한다.

---

12) 민간에 전해오는 격언(格言)이나 잠언(箴言)을 속담이라 한다. 잠언은 가르쳐서 훈계하는 말을 뜻한다. 예로 '시간은 금이다.', '오늘 할 일을 내일로 미루지 마라.' 등이 해당된다.

13) 영화 등에서 조직의 양측 우두머리가 총과 칼을 버리고, 정정당당하게 맨손으로 겨루어서 결판을 낸다.'라고 할 때는 격투(激鬪)가 아니라 격투(格鬪)라고 할 수 있다. '格(격식 격)' 자는 영어로 'rule'을 의미하고 있다.

✔️ 두 사람이 맞서 격투를 벌여 승패를 가리는 격투기에는 유도, 씨름, 태권도, 권투 따위가 있으며, '격할 격(激)' 자를 쓰는 격투(激鬪)와는 구별된다. 격식을 강조하기 때문에 태권도는 잡거나 뒤에서 상대를 공격하지 않고, 유도는 주먹이나 발로 차지 않는 등 일정한 규칙이 있다. 또한, 소림사 스님들이 무술을 수련하고 대결하는 것은 격투(格鬪)로 표현한다.

## 격투(激鬪)[14]

격렬하게 싸움. 또는 그런 싸움을 말한다. '격할 격(激)' 자를 사용한다. 그 싸움의 양상이 매우 격렬하고 폭력이 수반되기도 한다.

✔️ 격투 끝에 범인을 잡았다라고 할 때는 격투(格鬪)와 격투(激鬪), 둘 다 사용할 수 있고, 골목에서 불량배들이 싸우는 것은 격투(激鬪)라고 할 수 있다.

# 결재 · 결제

## 결재(決裁)

결정할 권한이 있는 상관이 부하가 제출한 안건을 검토하여 허가 또는 승인하는 것을 말한다.

예: 장관 **결재** 후 대통령께 보고한다.

## 결제(決濟)

일을 처리하여 끝을 냄. 또는 금전 거래나 일 처리를 매듭지어 상호 관계를 끝내는 일을 말한다. 주로 금전 거래와 관련된다.

예: 카드**결제**, 전자**결제** 등.

---

14) 격투(激鬪)는 몹시 격렬하게 싸움을 말한다. '激(격할 격)' 자는 영어로 violent'를 의미한다. 군사적으로 쓰이는 공격(攻擊), 습격(襲擊), 폭격(爆擊) 등은 '擊(칠 격)' 자를 사용하며, 영어로는 'attack'을 의미한다.

# 경매·공매

### 경매(競賣)

물건을 사려는 사람이 여럿일 때 값을 가장 높이 부르는 사람에게 파는 일. 또는 권리자의 신청에 의하여 법원 또는 집행관이 동산이나 부동산을 구두의 방법으로 경쟁하여 파는 일을 말한다.

　✐ 법원이 강제집행법에 의거 채무자의 물건을 매각하는 것을 말한다.

### 공매(公賣)

관공서에서 물건을 팖. 또는 법률에 의하여 공공기관이 강제적으로 물건을 처분하여 돈으로 바꾸는 일이다. 주로 세금 등 공과금 미납에 대한 채권회수나 공공재산을 매각할 때 사용하는 방법이다.

　✐ 국세징수법에 근거하여 국세체납 처분의 최종단계로서 압류재산을
　　강제로 처분하는 일을 말한다.

# 경신·갱신

### 경신(更新)

이미 있던 것을 고쳐 새롭게 함. 또는 기록경기 따위에서 종전의 기록을 깨뜨림, 어떤 분야의 종전 최고치나 최저치를 깨뜨림을 말한다.

　　예: 계약 **경신** / 예: 마라톤 세계기록이 **경신**되다.

### 갱신(更新)

이미 있던 것을 고쳐 새롭게 함. 또는 법률관계의 존속 기간이 끝났을 때 그 기간을 연장하는 것을 말한다.

　　예: 계약 **갱신** / 예: 운전면허증을 **갱신**하다.

→ 통상적으로 기록은 '경신', 면허기간을 연장한다는 의미로는 '갱신'을 사용한다. 이처럼 두 단어는 독자적  의미도 있고, 공유하는 의미도 있다. 이미 있던 것을 고쳐 새롭게 하는 경우에는 경신과 갱신을 함께 쓸 수 있지만, 어떤 계약이 법률관계의 존속 기간이 끝났을 때 그 기간을 연장하는 일과 관련 있다면 '갱신'이 어울리고, 이미 맺은 계약을 고쳐서 새롭게 하는 경우는 '경신'이 어울린다.

## 경업·겸업

### 경업(競業)

영업상 경쟁함을 뜻한다. 법률용어로 경업금지는 특정한 사람이 다른 사람의 영업과 관련하여 부정한 방법으로 경쟁하는 것을 금지한다는 말이다.

> 예: 자신의 노하우를 팔고 난 뒤, 비슷한 종류의 식당을 인근에 여는 것은 **경업**금지의 의무를 어긴 것이다.

### 겸업(兼業)

주된 직업 외에 다른 일을 겸하여 함. 또는 그렇게 하는 일을 말한다.

> 예: 공무원의 경우 국민에게 봉사하는 본래의 직분을 소홀히 할 수 있고, 각종 특혜를 이용할 수도 있기 때문에 법률로 **겸업**을 금지한다.

# 고랑·이랑

## 고랑

두둑한 땅과 땅 사이에 길고 좁게 들어간 곳을 '이랑'에 상대하여 이르는 말. 또는 의존명사로 밭 따위를 세는 단위를 말한다.

예: 빗물이 **고랑**으로 흐른다. / 예: 옥수수밭 세 **고랑**을 매다.

## 이랑[15]

논이나 밭을 갈아 골을 타서 두두룩하게 흙을 쌓아 만든 곳. 또는 갈아 놓은 밭의 한 두둑과 한 고랑을 아울러 이르는 말이며, 이를 세는 단위를 뜻하기도 한다. 물결처럼 줄줄이 오목하고 볼록하게 이루는 모양을 이르는 말, 또는 이런 모양에서 볼록한 줄을 오목한 줄에 상대하여 이르는 말을 뜻하기도 한다.

예: 콩밭 다섯 **이랑**을 맸다. / 예: 어둠 속 바다 위 흰 물결의 **이랑**이 일어난다.

---

15) 이랑은 '사래'라고도 한다.

## 고소·고발

### 고소(告訴)[16]
고(告)하여 하소연함. 또는 범죄의 피해자 또는 다른 고소권자가 수사기관에 범죄 사실을 신고하여 그 수사와 범인의 기소를 요구하는 일을 말한다.

✎ 고소를 취소한자는 다시 고소할 수 없다.(형사소송법 232조)

### 고발(告發)
피해자나 고소권자가 아닌 제3자가 수사기관에 대하여 범죄 사실을 신고하여 그 소추를 구하는 의사표시. 또는 세상에 잘 알려지지 않은 잘못이나 비리 따위를 드러내어 알리는 것을 말한다.

예: 환경단체 대표가 토양오염을 유발시킨 회사를 **고발**했다.

## 고요함·조용함

### 고요함
조용하고 잠잠함. 또는 움직임이나 흔들림이 없이 잔잔함을 뜻한다. 또 모습이나 마음 따위가 조용하고 평화로움을 뜻하기도 한다.

예: 온 동네가 쥐 죽은 듯 **고요하다**.

### 조용함
아무런 소리가 들리지 않고 고요함. 또는 말이나 행동, 성격 따위가 수선스럽지 않고 매우 얌전함을 말한다. 또 말썽이 없이 평온함을 뜻하기도 한다.

예: 산새 소리가 가끔 들려올 뿐, 골짜기의 한낮은 **조용하다**.

---

16) 고소, 고발의 경우에는 고발대상자 즉 피고소인, 피고발인은 합의 및 고소, 고발이 취소가 되더라도 그 결과가 피고소인 및 피고발인의 수사경력 자료에는 남긴다. 대신 고소인, 고발인에게는

# 고용(雇用)·고용(雇傭)

## 고용(雇用)

삯을 주고 사람을 부림을 말한다.

✎ 구인(求人)[17]을 원하면 고용주(雇用主)의 입장이 된다.

　　예: 맞벌이로 바쁜 부부는 파출부를 **고용**하였다.

　　예: 안전사고의 책임을 **고용**주에게 물었다.

## 고용(雇傭)

삯을 받고 남의 일을 해주는 것을 말한다.

✎ 구직을 원하면 고용인(雇傭人)의 입장이 된다.

　　예: 장애인의 **고용**을 촉진하기 하기 위한 제도가 필요하다.

　　예: 건설사에 일일 노동자로 **고용**(雇傭)되어 내일부터 일을 한다.


# 고지·공지·고시·공고

## 고지(告知)

게시나 글을 통하여 알리는 것을 말한다. 법률용어로는 소송법에서 법원이 결정 사항이나 명령을 당사자에게 알리는 일을 일컫는다. 연도표시, 일련번호를 사용한다.

　　예: 결과가 나오면 우편으로 **고지**서를 보낸다.

## 공지(公知)

세상에 널리 알림을 말한다.

　　예: 당선작 발표 **공지** / 예: 행정고시 시행안이 홈페이지에 **공지**되었다.

---

무고죄가 있다. 진정과 탄원은 그 내용에 대해서 수사한 결과 위법행위가 명백할 경우에만 처벌하여 그 결과를 남기고, 그렇지 않을 경우 수사경력 자료에 그 결과를 남기지 않는다.

17)　일할 사람을 구함을 말한다.

### 고시(告示)

글로 써서 게시하여 널리 알리는 것을 말한다. 주로 국가 행정기관에서 일반 국민들을 대상으로 어떤 내용을 알리는 경우를 이른다.

> 예: 비행장을 건설할 때에는 활주로의 폭·길이 등 정부 **고시**요건을 따라야 한다.

### 공고(公告)

세상에 널리 알림. 법률용어로는 국가기관이나 공공단체에서 일정한 사항을 일반 대중에게 광고, 게시 또는 다른 공개적 방법으로 널리 알리는 것을 말한다. 연도표시, 일련번호를 사용한다.

> 예: 공무원 모집 **공고**가 나왔다.

## 고집·아집

### 고집(固執)

자신의 의견을 바꾸거나 고치지 않고 굳게 버팀. 또는 그렇게 버티는 성미를 말한다.

> 예: 네가 **고집**을 버려라.

### 아집(我執)

자기중심의 좁은 생각에 집착하여 다른 사람의 의견이나 입장을 고려하지 아니하고 자기만을 내세우는 것을 말한다.

> 예: 편견은 곧 **아집**이다.

## 곡사포·평사포·박격포

### 곡사포(曲射砲)[18]

포탄이 곡선을 그리며 나가게 쏘는 포를 말한다. 장애물 뒤에 있는 목표물을 맞히기 위해 쏜다. 탄도가 낮은 평사포와 탄도가 높은 박격포의 중간적 특성을 가진 대포다.

### 평사포(平射砲)[19]

포신이 긴 평사용 야포를 말한다. 비교적 긴 포신으로 탄도가 낮다.

### 박격포(迫擊砲)[20]

보병의 전투를 지원하는 데 사용하는 근거리용 곡사포다. 포신은 짧고 포구로, 포탄을 장전한다. 곡사포보다 사거리가 짧고 높은 고각으로 사격한다.

## 곤욕·곤혹·고욕·고역

### 곤욕(困辱)

심한 모욕. 또는 참기 힘든 일을 당함을 일컫는다.

　　예: 직장상사가 사람들 앞에서 나무라셔서 **곤욕**을 치렀다.

---

18) 탄도의 형태에 있어서 탄도가 낮은 평사포와 탄도가 높은 박격포의 중간 특성을 가진 대포를 말하며, 중간 길이의 포신(구경장: 20~30)과 높은 사각, 중정도의 포구초속을 가진 화포이다. 구경장은 포신길이와 포구직경의 비율(포신길이÷포구직경)을 일컫는다.
19) 대포를 형태에 의해 분류할 때 비교적 긴 포신(구경장: 30 이상)과 비교적 낮은 사각으로 사격되고 높은 포구속도를 가진 화포를 말한다.
20) 강선식 또는 활강식으로 된 포구장전식 화기이며, 곡사포보다 사거리가 짧고 더 높은 고각으로 사격한다. 포신은 구경의 10~20배이며 포신이 비교적 짧다.

### 곤혹(困惑)

곤란한 일을 당해서 어찌할 바를 모른다는 의미다. 예기치 않은 상황이나 질문에 어찌할 바를 모르는 상태를 말한다.

> 예: 미처 생각하지도 않던 질문을 받아 **곤혹**스러웠다.

### 고욕(苦辱)

견디기 어려운 불명예스러운 일을 말한다.

> 예: 도둑으로 몰려 **고욕**을 치르고 있다.

### 고역(苦役)

몹시 힘들고 고되어 견디기 어려운 일을 말한다.

> 예: **고역**을 당하는 죄수

## 골판지·널빤지

### 골판지(골板紙)

판지의 한쪽 또는 두 장의 판지 사이에 물결 모양으로 골이 진 종이를 붙인 판지를 일컫는다.

> 예: 과일을 **골판지** 상자에 담아 보관한다.

### 널빤지

판판하고 넓게 켠 나뭇조각을 말한다. 같은 뜻으로 '널판자' '널판때기'를 표준어로 사용한다.

> 예: **널빤지**로 강아지 집을 짓다.

➜ '널판지(널板지)'는 비표준어다.

## 곰탕 · 설렁탕

### 곰탕[21]

소의 고기와 뼈를 진하게 푹 고아서 끓인 국을 말한다. 유의어는 곰국이다.

### 설렁탕

소의 뼈다귀, 머리, 내장, 발, 도가니 따위를 푹 삶아서 만든 국. 또는 그 국에 밥을 만 음식을 말한다.

➡ 곰탕은 '곰'이라는 이름의 반가[22]음식으로 조선 시대 책에 기록되어 있으며, 임금님의 수라상에도 올랐다고 한다. 설렁탕의 기원에 대해서는 여러 가지 설이 있으나 명확하지 않다. 일반적으로 설렁탕의 육수는 뼈를 중심으로 우려낸 국물이라면, 곰탕은 고기를 중심으로 우려낸 국물이라는 것이 특징이다.

---

21)  일반적으로 설렁탕은 사골이나 도가니 등을 고운 뽀얀 국물을 말하고, 곰탕은 고기나 내장을 삶은 맑은 국물이다. 그러나 뽀얗고 하얀 국물이라도 사골곰탕이나 소머리 곰탕(국밥)으로 부르기도 하는데, 곰탕이 넓은 개념이므로 잘못된 표현은 아니다.
22)  양반의 집안을 말한다.

# 공감·동감

### 공감(共感)

남의 감정, 의견, 주장 따위에 대하여 자기도 그렇다고 느낌. 또는 그렇게 느끼는 기분을 말한다. 생각의 차이나 다른 부분이 있어도 이해하고 그럴 수 있겠다고 느끼는 감정을 말한다.

예: **공감**하지 않고서 동감할 수 없다.

### 동감(同感)

어떤 견해나 의견에 같은 생각을 가짐. 또는 그 생각을 말한다. 같은 상황이나 경우를 체험했을 때 느끼기 쉬운 감정을 말한다.

예: 배가 고파서 빵을 훔친 사람의 마음에 공감할 수는 있어도, **동감**
    할 수는 없다.

➡ 대화 도중에 고개를 '끄덕끄덕'하는 것은 공감의 표현이라고 볼 수 있고, '맞장구'를 치는 것은 동감의 표현이라 할 수 있다.

# 공부(工夫) · 공부(功夫)

## 공부(工夫)

학문이나 기술을 배우고 익힘을 뜻한다. 본래 공부는 불교에서 말하는 주공부(做工夫)에서 유래한 말이다.[23] 工夫와 功夫는 오랜 시간과 노력을 들여 지식이나 기술을 완성시키는 과정 또는 결과를 뜻하며, 넓은 의미로는 무엇인가를 익히는 것, 좋은 목적을 가지고 실행하는 모든 행동을 일컫는다. 우리나라에서는 공부(工夫)로 표기가 고정되면서 학습의 개념으로 굳어졌다.

## 공부(功夫)

무기 없이 유연한 동작으로 손과 발을 이용하는 중국식 권법(쿵후)을 말한다. 공부(工夫)와 공부(功夫)의 표기로 혼용되었으나, 공부(功夫)는 본뜻 이외에 중국 무술을 뜻하는 것으로 확장되었다. 현재 중국에서는 우리나라에서 공부라고 하는 개념을 '학습(學習)'이라고 쓴다.

---

23) 공부(工夫) 혹은 공부(功夫)는 불교 종파 가운데 선종을 통해서 퍼진 용어라고 한다. 공부라는 한자어 조합은 백화문으로 기록된 당나라 선승들의 어록에서 처음으로 확인되는데, 주공부(做工夫)와 같이 '시간과 노력을 들여서 불도(佛道)를 열심히 닦는다'는 뜻으로 사용되어 오다가, 송나라 시대의 대학자인 주자가 자신의 책 『근사록』에서 송학(宋學)의 선구자였던 정명도와 정이천의 사상을 표현하는 말로 '공부'라는 말을 자주 사용하면서 유학자들 사이에서도 널리 퍼지게 되었다.

# 공용어·공통어

### 공용어(公用語)
한 나라 안에서 공식적으로 쓰는 언어. 또는 국제회의나 기구에서 공식적으로 쓰는 언어를 말한다.

> ✎ 인도나 벨기에처럼 사용언어가 다른 사람들이 공존하고 있는 곳에서는, 공용어의 선택을 둘러싸고 종족이 대립하는 경우도 있고, 식민지의 경우 지배자의 언어가 일방적으로 공용어가 되는 경우도 있다.

### 공통어(共通語)
여러 다른 종족이나 민족 사이에서 두루 쓰는 말. 또는 한 나라에서 두루 쓰는 언어를 말한다.

> ✎ 유럽의 여러 나라는 영어를 공통어로 사용하고 있지만, 공용어는 자국의 언어를 채택한다. 공통어보다는 공용어가 보다 더 공식적인 면이 있다.

> ✎ 우리나라의 경우 국어가 곧 공용어이자 공통어다.

# 공항·비행장

### 공항(空港)
공항시설을 갖춘 공공용 비행장을 말한다. 주로 민간항공기와 같은 정기 항공기의 이·착륙을 위한 활주로, 유도로, 관제탑, 격납고, 급유·정비 시설, 여객·수하물 처리시설을 갖추고 있다.

> 예: 인천국제**공항**은 규모가 크다.

## 비행장(飛行場)

항공기들이 뜨고 내릴 수 있도록 여러 가지 시설을 갖추어 놓은 육지 또는 수면의 일정한 구역을 말한다. 軍 비행장 등 대통령령으로 정한다.

　　예: 괌에 있는 미군 **비행장**에서 전투기가 이륙한다.

➡ 공항과 비행장 모두 항공기의 이·착륙 시설은 관련 법규에 따라 설치한다. 공항이 일반 국민이 사용하는 공공재[24]인 반면, 비행장은 특정 단체 또는 개인이 건설할 수도 있다.

# 공정·공평

## 공정(公正)

공평하고 올바름을 말한다.

　✎ 부자에게 세금을 많이 받고, 가난한 사람에게 적게 받으면 공정하
　　다고 볼 수 있다.
　　예: **공정**한 선거
　　예: 판사는 **공정**한 재판을 해야 한다.

## 공평(公平)

어느 쪽으로도 치우치지 않고 고름을 뜻한다.

　　예: 교육의 기회는 **공평**해야 한다.
　　예: 부모의 재산을 **공평**하게 나누다.

---

24)　모든 사람이 공동으로 사용하는 물건이나 시설을 말한다. 도로, 항만, 교량, 공원 등을 말한다.

# 공표·공포

### 공표(公表)

여러 사람에게 널리 드러내어 알림을 말한다. 즉 공개발표 혹은 공적인 발표의 줄임말이다. 새로운 학설이나 의견, 입장 등을 여러 사람에게 드러내 놓고 알리는 것을 말한다.

예: 정부는 새로운 경제개발 계획안을 **공표**했다.

### 공포(公布)

일반 대중에게 널리 알리는 것. 또는 확정된 법률, 명령 등을 국민에게 널리 알리는 일을 뜻하기도 한다. '포(布)'는 '베', '펴다', '베풀다'를 의미하는 말이다. 공포는 베를 펼치듯이 공개적으로 펼쳐 놓는다는 뜻이다. 공포된 법은 지켜야 하는 구속력을 갖는다.

예: 국무회의에서 새 도로교통법을 정식 **공포**했다.

## 교전·전투·작전·전쟁

### 교전(交戰)

서로 병력을 가지고 전쟁하는 것을 말한다. 군사에서는 연대급 이하 부대에서 단기간, 즉 수 분, 수 시간 또는 하루 정도 지속되는 소규모 충돌을 말한다.

예: 수색작전 중 우발적인 **교전**이 있었다.

### 전투(戰鬪)

두 편의 군대가 조직적으로 무장하여 싸우는 것을 말한다. 군사에서는 사·군 단급 부대가 일정 목표를 공격하거나 방어하기 위하여 교전보다 비교적 장기간 또는 큰 규모로 적과 싸우는 것을 말한다.

예: 6·25전쟁 시 낙동강지구 **전투**에서 반격작전을 개시하였다.

### 작전(作戰)

어떤 일을 이루기 위하여 필요한 조치나 방법을 강구하는 것을 말한다. 군사에서는 어떤 전투나 전역에서 목표를 달성하는 데 필요한 전투수행의 과정으로 이동, 보급, 공격, 방어, 기동 등을 포함한다.

예: 인천상륙**작전**은 아주 성공적이었다.

### 전쟁(戰爭)

국가와 국가, 교전 단체 사이에 무력을 사용하여 싸움. 또는 주권을 가진 국가 간의 조직적인 무력투쟁 상태를 말한다. 국가의 생존이 달려 있는 국가목표를 달성하기 위한 전역(Campaigns)이다.

예: 인류의 역사는 **전쟁**의 역사다.

# 교포·동포

## 교포(僑胞)

다른 나라에 정착하여 그 나라 국민으로 살고 있는 동포를 말한다.

> 예: **교포**가 모국을 사랑하는 마음은 남다르다.

## 동포(同胞)

같은 나라 또는 같은 민족의 사람을 다정하게 이르는 말. 또는 한 부모에게서 태어난 형제자매를 일컫는다.

✎ 과거 재외교포, 해외동포 등의 말들은 의미가 중복되거나 불분명한 경우가 있어 최근 정부에서는 재외동포(재외국민, 한국계 외국인)로 통일하였다. 재외동포는 국적에 관계 없이 외국에 거주하는 우리 민족을 모두 포함하는 말이다. 재외국민은 외국에 체류하거나 거주하는 사람들 가운데 우리 국적을 가지고 있는 사람들을 말하며, 한국계 외국인은 한국 국적을 가진 적이 있는 외국 국적자와 그의 직계 비속을 말한다.

# 구랍·섣달

## 구랍(舊臘)

음력으로 지난해 섣달을 일컫는다.

✎ '구(舊)'는 '옛적 또는 오래다'의 뜻을 가지고 있고 '랍(臘)'은 고기를 뜻하는 월(月)과 수렵을 뜻하는 '렵(獵)'을 결합하여 만든 글자다. '臘'에는 사냥해서 잡아온 고기라는 뜻과 함께 음력 12월을 뜻하는 말이기도 하다.[25]

## 섣달[26]

음력으로 한 해의 맨 끝 달을 말한다.

➡ 매년 1월 초, 신문기사에서 '구랍 30일, 국회에서 OOO 위원회를 개최하였다'는 식으로 보도한다. 양력을 기준하여 지난 12월을 지칭하면서 구랍(舊臘)이라는 용어를 사용하는 것은 적절하지 않다.[27]

---

25) 이수광의 '지봉유설'에는 '우리나라에도 납일(사냥한 고기를 제물로 바치며 마을의 안녕을 비는 제사) 풍습이 있어 이 날을 납일(臘日)이라고 한다.'라는 기록이 있다. 이 날 지내는 제사를 납제(臘祭) 또는 납향제(臘享祭) 납평제(臘平祭)라고 한다. 동지 후 제사를 지내던 것이 점차 12월 한 달로 확대되면서 '臘(랍)'이 음력 12월을 뜻하는 섣달로까지 확대된 것으로 보인다. 따라서 '지나다', '오래다'의 '舊'와 '음력 12월'을 뜻하는 '臘'을 결합하여 '구랍'이라 하여 '지난해 섣달'을 일컫게 된 것이다.

26) 섣달이란 설이 드는 달이란 뜻으로서 곧 12월을 말한다. 설이 1월에 드는데 왜 12월에 드는 달이라고 하는가? 수천 년 전부터 사람들은 한 해를 열두 달로 잡아왔지만, 어느 달을 한 해의 첫 달로 잡았는가 하는 것은 여러 번 바뀌었다. 그중에는 음력 동짓달 다시 말해서 음력 11월을 첫 달로 잡은 적도 있다. 옛날 동지 팥죽을 먹으면 한 살 더 먹는다고 한 것도 그런 흔적이다. 그리고 12월을 한 해의 첫 달로 잡고 12월 1일을 설로 쇤 때도 있었는데, 사람들은 이달을 설이 든 달이라고 해서 '섣달'로 불렀다. 그 후 설을 오늘날의 1월 1일로 잡게 되면서도 12월을 섣달이라고 하는 말은 그대로 남아 있게 되었다.

27) 조선일보 독자 의견, '구랍'은 음력개념(2000. 1. 6일 자 조선일보. 최점현)

# 국민·시민·백성

## 국민(國民)

국가를 구성하는 사람. 또는 그 나라의 국적을 가진 사람을 말한다.

🖊 유사어로 주민, 민중, 인민, 신민 등이 있다.

## 시민(市民)

시(市)에 사는 사람. 또는 국가사회의 일원으로서 그 나라 헌법에 의한 모든 권리와 의미를 가지는 자유인을 말한다.

🖊 고대 그리스에서 '시민'이란 참정권을 가진 특권계급을 뜻하는 말이었다. 근대에서는 부를 축적한 유산계급으로 시민 혁명을 주도한 계층을 의미하였는데, 영국의 명예혁명, 프랑스혁명, 미국의 독립전쟁이 대표적이다. 현대에서는 자신이 나라의 주권자[28]임을 자각하고 주권자로서 행동하고 책임을 지는 사람을 일컫는다.

## 백성(百姓)[29]

나라의 근본을 이루는 일반 국민을 예스럽게 이르는 말이다. 또 백 가지 성(姓)이라는 한자의 뜻에서 '뭇 사람', '나라의 모든 사람'을 뜻하는 말이다.

예: 죄 없는 **백성**을 죽이다.

---

28) 민주적 가치를 통치의 기본질서로 하는 정치공동체에서, 모든 권리를 평등하게 향유하는 개별 구성원. 공동체 구성원으로서의 기본권, 참정권을 포함한다.

29) 백성은 '백 가지의 성'을 이르는 말이다. 조선에서 사용했던 백 가지 성은 다음과 같다. 김, 이, 박, 최, 정(鄭), 조(趙), 강(姜), 장, 한, 윤, 오, 임(林), 신(申), 안, 송, 서, 황, 홍, 전(全), 권, 류(柳), 고, 문, 백, 량, 손, 류, 허, 배, 조(曺), 노(盧), 주, 심, 차, 남, 강(康), 전(田), 임, 하, 곽, 우, 정(丁), 나, 지, 원, 민, 구, 엄, 방(方), 성, 신(辛), 유, 채, 현, 진(陳), 함, 변(邊), 천, 염, 양, 공, 길, 석, 여, 노(魯), 변(卞), 추, 도, 마, 신(愼), 명, 소, 주, 설, 위, 탁, 연, 기, 표, 선, 계, 왕, 맹, 옥, 진(秦), 방(房), 동, 금, 인, 어, 반, 장(莊), 남궁, 육, 제, 선우, 모, 은, 국, 용 등 100가지다. 이 밖에도 목, 궁, 피, 봉, 황보, 독고, 제갈 등의 성들이 있다. 성은 대개 선조들의 발상지를 나타냈기 때문에 고장 이름으로부터 유래하였다.

# 국민학교·초등학교

### 국민학교(國民學校), 초등학교(初等學校)

국민학교는 1996년 이전 초등학교를 일컫던 명칭이다.

✍ 국민학교[30]라는 명칭은 지금의 초등학교 교육기관을 일제 강점기 시대부터 사용하게 된 용어이다. 서당, 학사, 학당 등에서 이루어지던 당시의 우리나라 교육에 1895년 신교육 제도가 도입되면서 현재의 초등교육과정에 대하여 '소학교'라 불렀으며, 1906년 보통학교로, 일제강점기인 1938년 다시 소학교로 바뀌었다가 1941년 국민학교로 명칭을 바꾸었다. 광복 이후에도 계속 사용되어 오다가 일제의 잔재를 청산하는 일환으로 '국민학교'라는 명칭을 전면 폐지하고, 1996년 부터 '초등학교'라는 명칭으로 공식 사용하게 되었다.

➡ 일제는 1910년 한일 강제 합방 이후 4차례에 걸쳐 조선교육령을 선포하며, 한국어 교육을 금지하고 일본어 교육을 강화, 일상생활 속에서도 조선어 사용을 전면 금지시키는 등 전 분야에 걸쳐 민족문화 말살 정책을 펼쳤다.

---

30) 독일에서는 1717년부터 전 국민의 의무교육을 실시하였다. 국민학교(Volksschule)라는 명칭은 1779년부터 쓰였는데, 국민(Volk)은 오늘날과 같이 시민을 통틀어 일컫는 말이 아니라, 귀족이 아닌 육체노동을 하던 당시 대부분의 국가 구성원을 뜻하였다. 나치 시대인 1938년 전체주의

# 과료(科料)·과료(過料)

### 과료(科料)

가벼운 범죄에 과하는 재산형이다. 벌금과 동일하나 금액의 범위가 구별된다. 형법상 2천 원 ~ 5만 원 미만이며, 경범죄에 대하여 부과한다.

✎ 과료(科料)는 형법에 예외적으로 규정되어 있다.


### 과료(過料)

과태료(過怠料)의 옛말이다. 마땅히 지켜야 할 '의무'를 소홀히 한 것에 대하여 일정 금액을 납부하게 하는 일종의 행정처분을 말한다.

✎ 과료(過料)는 행정관서가 주체다. 출생신고 지연이나 주정차 위반 등에 부과한다.


➡ 과료(科料)는 재산형이고, 과료(過料)는 행정처분이다.[31]

---

적 국민교육제도가 도입되고, 8년의 초등학교 의무교육제도가 실시되었다. 독일의 강대함이 이런 획일적인 교육에서 비롯되었다고 생각한 일본 군국주의자들이 독일의 교육정책과 이름을 그대로 들여와 일본어로 번역한 것이 국민학교가 되었다.

31) 과료(科料)는 가벼운 범죄에 과하는 재산형이다. '벌금'과 동일하나 금액의 범위가 구별된다. 형법상 2천 원 ~ 5만 원 미만이며, 경범죄에 대하여 부과한다. 과료(科料)와 달리 과료(過料)는 '과태료(過怠料)'의 옛말이다. 마땅히 지켜야 할 '의무'를 소홀히 한 것에 대하여 일정 금액을 납부하게 하는 일종의 행정처분을 말한다. 출생신고 지연이나 주정차 위반 등에서 부과한다.

# 과반수·반수

## 과반수(過半數)

절반을 지난(넘는) 수. 또는 절반보다 1 이상이 더 많은 수를 말한다.

✎ 과반수 이상은 의미가 중복된 표현이다. 반수 이상 또는 과반수로
   표현하는 것이 바람직하다.

## 반수(半數)

전체의 절반이 되는 수를 말한다.

✎ 예를 들어 재적 20명에서 과반수는 11명 이상이고, 반수는 10명
   이다. 선거나 각종 의결, 또는 가부(可否)를 결정할 경우 11명이 찬성
   하여야 가결된다.[32]

---

32)  2019년 10월 11일, 사상 처음으로 세계 태권도 본부의 수장인 국기원장 선거를 중앙 선거관리
     위원회에 위탁하여 실시하였다. 투표결과 62명의 선거인단 중, A 씨는 31표, B 씨는 30표, 무효가
     1표였다. 당시 선거 관련 정관에는 과반수를 당선으로 규정하고 있었지만, 선거관리위원회는

## 과징금·추징금

### 과징금(過徵金)

행정법상 의무 위반에 대한 제재로서 과하는 금전적 부담을 말한다.

✐ 과징금은 행정관청이 부과한다.

### 추징금(追徵金)

행정법상 조세나 그 밖의 공과금에 대하여 납부하여야 할 금액을 납부하지 않을 경우에 징수하는 금액. 또는 범죄행위로 얻은 물건이나 범죄행위의 보수로 얻은 물건의 대가 따위를 몰수할 수 없을 때에 그에 대신하여 징수하는 금액을 말한다.

✐ 추징금은 법원(판사)에서 부과한다.

## 과태료·범칙금·벌금·벌칙금

### 과태료(過怠料)

공법에서, 의무 이행을 태만히 한 사람에게 벌로 물게 하는 돈을 말한다. 벌금과 달리 형벌의 성질을 가지지 않는 법령 위반에 대하여 부과한다.

✐ 출생신고를 지연하면 과태료(過怠料)를 부과한다. 행정관서가 주체가 된다.

### 범칙금(犯則金)

도로 교통법의 규칙을 어긴 사람에게 과하는 벌금을 말한다.

✐ 자동차 속도를 위반하면 범칙금(犯則金)을 부과한다. 경찰이 주체가 된다.

---

31명을 득표한 A 씨의 당선을 확정하였다. '과반수'와 '반수'의 뜻을 간과한 결과였다. 이후 선거에서 패한 B 씨가 국기원장 직무정지 신청을 하게 되고, 법원에서 이를 받아들임으로써 사상 초유의 국기원장 장기 공석 사태가 발생하였다.

### 벌금(罰金)

규약을 위반했을 때에 벌로 내게 하는 돈. 또는 재산형의 하나로 범죄인에게 부과하는 돈을 말한다. 금액은 범죄의 경중에 따라 다르며 벌금을 낼 능력이 없을 경우에는 노역으로 대신한다.

🖋 벌금(罰金)은 형벌이다. 사법기관이 주체다.

### 벌칙금(罰則金)

법규나 규칙 따위를 어긴 사람에게 부과하는 벌금을 말한다. 의미상으로 본다면 '벌칙금'이 '범칙금'보다 더 넓은 개념으로 볼 수 있다.

## 관여·간여

### 관여(關與)

어떤 일에 관계하여 참여함을 말한다.

예: 남북정상회담 준비에 **관여**한 사람만 해도 백 명이 넘는다.

### 간여(干與)

어떤 일에 관계하여 참견함. 또는 귀찮게 참견하는 것을 의미한다.

예: 우리 일에 제발 **간여**하지 마십시오.

## 괴나리봇짐 · 개나리봇짐

### 괴나리봇짐

걸어서 먼 길을 떠날 때 보자기에 싸서 어깨에 메는 작은 짐을 말한다.

　　예: **괴나리봇짐** 지고 가는 곳이 어디냐?

### 개나리봇짐

괴나리봇짐의 잘못된 표현으로 규범표기는 '괴나리봇짐'이다.

## 괴멸 · 궤멸

### 괴멸(壞滅)

조직이나 체계 등이 모두 파괴되어 멸망하는 것을 일컫는다.

　　예: 지휘관을 생포하자마자 부대는 **괴멸**되었다.

### 궤멸(潰滅)

무너지거나 흩어져 없어짐. 또는 그렇게 만듦을 말한다.

　　예: 지난해 홍수로 마을이 **궤멸**되었다.

## 괴발개발 · 개발새발

### 괴발개발

고양이의 발과 개의 발이라는 뜻으로 마치 고양이나 개가 발자국을 남긴 것처럼 글씨를 아무렇게나 써 놓은 모양을 뜻한다.

　　✒ '괴'는 고양이의 옛말이다.

## 개발새발[33)

개의 발과 새의 발이라는 뜻으로 글씨를 아무렇게나 써 놓은 모양을 뜻한다.

✏ 괴발새발의 어원 의식을 상실하면서 '개발새발', '개발쇠발'로 불리

　다가 '개발새발'이 표준어가 되었다.

➡ 소의 발과 개의 발이라는 뜻으로 '쇠발개발'도 있는데, 이는 아주 더러운
발을 비유적으로 이르는 말로 사용되기도 한다.

## 괴변·궤변

### 괴변(怪變)

예상하지 못한 괴상한 재난이나 사고를 말한다.

　예: 2019년 5월 29일 헝가리 다뉴브강에서 **괴변**이 발생했다.

### 궤변(詭辯)

상대를 이론으로 이기기 위하여 사고를 혼란시키거나 감정을 격앙시켜 거짓을
참인 것처럼 꾸며대는 논법을 말한다.

　예: 그 말은 약자의 **궤변**일 뿐이다.

## 괴팍·괴팩

### 괴팍(乖愎)

붙임성이 없이 까다롭고 별남을 뜻한다.

　예: 성격이 **괴팍**해서 친구가 없다.

---

33)　'개발새발'은 종전에 표준어가 아니었으나, 2011년 8월 31일 표준어로 정식 인정되었다.

## 괴팍

'괴팍스럽다'의 비표준어다.

→ 1988년에 맞춤법이 개정될 때 발음의 편의성을 고려하여 '괴팍'을 표준어로 규정했다.[34] 강퍅할 '퍅(愎)'이라는 글자는 괴팍에서는 '팍'으로 읽히나, '퍅(愎)'의 원음은 걍퍅할 '퍅'이므로 주의가 필요하다.[35]

# 구름·안개

## 구름(雲)

공기 중의 수분이 엉기어서 미세한 물방울이나 얼음결정의 덩어리가 되어 공중에 떠 있는 것을 말한다. 50피트(16미터) 이상에 분포한다.

✎ 생성과정은 수증기가 증발하고 그 공기가 상승하게 되면 공기덩어리가 팽창한다. 공기를 팽창하는 데 에너지를 소비하여 공기덩어리의 온도 가 낮아지면 수증기가 한데 엉겨 물방울이 되어 구름이 된다. 수증기 가 물방울로 바뀌는 현상, 즉 응결이 시작되는 온도를 이슬점[36]이라 고 한다.

---

34) 표준어 규정 제2절 제10항의 모음이 단순화한 형태를 표준어로 삼는다는 조항에 따라 '퍅'이 '팍'으로 단순화된 '괴팍'을 표준어로 인정하고 있다.

35) 오팍(傲愎)은 동사로 쓰여 교만하고 독살스럽다는 말이고, 한팍(狠愎)은 성질이 고약하고 사나움. 또 강퍅(剛愎)은 성격이 까다롭고 고집이 세다는 것을 뜻한다.

36) 대기 속의 수증기가 포화되어, 상대습도가 100%가 되는 포화상태에서는 대기 중의 수증기가 더 이상 기체 상태로 존재하지 못하고, 수증기의 일부가 액체인 물방울로 변하게 되는데, 이때의 온도를 이슬점이라고 한다. 공기 속에는 일정 양의 수증기를 가지고 있다. 공기가 가지고 있을 수 있는 수증기의 양은 온도에 따라 다른데, 온도가 높을수록 많은 수증기를 가지고 있을 수 있고, 온도가 낮을수록 가지고 있을 수 있는 수증기의 양이 줄어든다. 온도가 높았다가 낮아지면 온도가 높을 때는 수증기를 많이 가지고 있다가 낮아질수록 가지고 있던 수증기가 적어져서 이 수증기는 응결하여 물방울로 변한다. 이것이 '안개'이고 '구름'이다.

## 안개

지표면 가까이에 아주 작은 물방울이 부옇게 떠 있는 현상을 말한다. 50피트
(16미터) 미만에 분포한다.

✐ 생성과정은 안개와 동일하나 공기가 상승하지 않고 지표면의 온도가
내려가면서 이슬점에 도달하여 생긴다.

➜ 구름과 안개의 차이는 고도에 따라 결정되기도 한다.[37] 관측자의 위치에
따라 구름과 안개의 구분이 다를 수 있다. 생성원리는 유사하나 발생장소면에서
차이가 있다.

# 구치소·교도소·유치장

### 구치소(拘置所)

형사 피의자 또는 피고인으로서, 구속 영장에 의하여 구속된 사람을 판결이
내려질 때까지 수용하는 시설을 말한다.

### 교도소(矯導所)

행형(行刑)사무를 맡아보는 기관. 또는 징역형이나 금고형, 노역장 유치나 구류
처분을 받은 사람, 재판 중에 있는 사람 등을 수용하는 시설이다.

### 유치장(留置場)

피의자나 경범죄를 지은 사람 등을 한때 가두어 두는 곳을 말하며 경찰서
마다 있다.

---

37) 학계와 항공·기상 분야 전문가들은 지표면으로부터 50피트(약 16미터)를 기준으로 하여 구름
과 안개를 구분하고 있다.

# 국·탕·찌개·전골

### 국
고기, 생선, 채소 등에 물을 많이 붓고 간을 맞추어 끓인 음식으로 우리 고유의 말이다.
> 예: 밥을 국에 말아 먹는다.

### 탕(湯)
국의 높임말. 또는 제사에 쓰는, 건더기가 많고 국물이 적은 국을 말한다.
> 예: 뼈도가니로 **탕**을 만들어 먹는다.

### 찌개
작은 냄비 등에 국물을 바특하게 잡아 고기와 채소, 두부 등을 넣은 후 간장, 된장, 고추장과 양념을 하여 끓인 반찬을 말한다.
> 예: 김치**찌개**

### 전골
재료를 준비하여 상 옆에서 전골틀[38]을 이용하여 즉석에서 끓여 먹는 음식이다.
> ✐ 낙지전골, 버섯전골, 곱창전골 등

# 군도·제도·열도

### 군도(群島)[39]
무리를 이루고 있는 크고 작은 섬들을 말한다. 일반적으로 육지에서 비교적 가까운 곳에 있는 여러 개의 섬을 말한다.
> 예: 독도는 울릉도 남동쪽 50해리쯤에 있는 작은 **군도**이다.

---

38)  즉석에서 전골을 끓이는 그릇을 말한다.
39)  군도와 제도의 명확한 구분은 없고, 대체로 육지에서 멀리 떨어지고 규모가 크면 제도, 육지에 가까이 있고 규모가 작으면 군도라 부른다.

### 제도(諸島)

모든 섬. 또는 여러 섬을 말한다.

> 예: 솔로몬**제도**, 미드웨이 **제도**, 하와이 **제도**, 포클랜드 **제도** 등

### 열도(列島)

길게 줄을 지어 늘어서 있는 여러 개의 섬을 말한다.

> 예: 일본 **열도**, 알류산 **열도** 등

## 귀하·귀중

### 귀하(貴下)

통상 편지글에서, 상대방을 높여 이름 다음에 붙여 쓰는 말. 또는 듣는 사람을 높여 부르는 2인칭 대명사를 말한다.

> 🖊 홍길동 님 귀하와 같이 '님'과 '귀하'를 동시에 쓰지 않도록 한다.

### 귀중(貴中)

편지 등에서 수신자가 모임이나 회사, 단체인 경우에 '귀중'으로 쓴다.

> 예: 청와대 **귀중**, 삼성전자 **귀중**

## 귀걸이·귀고리

### 귀걸이

귀가 시리지 않도록 귀를 덮는 물건. 또는 안경다리 대신 실로 꿰어서 귀에 걸게 되어 있는 안경을 말한다. 귓불에 다는 장식품을 말하기도 한다.

✎ 바람이 불어 귀걸이가 달랑달랑 움직인다.

### 귀고리

귓불에 다는 장신구를 말한다.

예: 요즘에는 남자들도 **귀고리**를 하고 다닌다.

## 귓불·귓볼

### 귓불

귓바퀴의 아래쪽으로 늘어진 살. 귓밥과 같은 말이다.

✎ 귓밥은 귓바퀴의 아래쪽으로 늘어진 살을 뜻한다. 귀지라는 의미로 귓밥(전라, 제주, 함북의 방언)도 있다. 귀지를 파내는 나무나 쇠붙이로 숟가락 모양으로 가늘고 작게 만든 것이 귀이개이다. 귀이개의 방언 (강원, 경남, 충청)은 귀후비개이다.

예: 귀고리를 하기 위해 **귓불**을 뚫었다.

### 귓볼

귓불의 비표준어다.

## 귀향·귀양

### 귀향(歸鄕)

고향으로 돌아가거나 돌아옴을 뜻한다.

예: 명절 전날은 **귀향** 인파로 북적대었다.

### 귀양(歸養)

고려·조선 시대에, 죄인을 먼 시골이나 섬으로 보내어 일정한 기간 동안 제한된 곳에서만 살게 하던 형벌이다.

✒ 초기에는 방축향리[40]의 뜻으로 쓰다가 후세에 와서는 도배(徒配)[41], 유배(流配)[42], 정배(定配)[43]의 뜻으로 쓰게 되었다.


## 글씨·글월·글·글자

### 글씨

쓴 글자의 모양. 또는 말을 적는 일정한 체계의 부호를 말한다.

✒ 글자를 쓰는 법. 또는 그런 일도 포함한다.

### 글월

글이나 문장 또는 편지를 달리 이르는 말을 뜻한다. 또 예전에, '글자'를 이르던 말을 일컫기도 한다.

예: 스승님께 **글월**을 올립니다.

---

40) 방축향리는 형벌의 한가지로서 벼슬을 삭탈하고 그가 살던 시골로 내쫓음. 유배(流配)보다는 가벼운 형벌이다.

41) 조선시대에, 도형(徒刑. 죄 지은 자에게 중노동을 시키던 형벌)에 처한 뒤에 귀양을 보내던 일을 말한다.

42) 오형(五刑)가운데 죄인을 귀양 보내던 일을 말한다. 오형은 태형(笞刑. 작은 형장으로 볼기를 치는 형벌), 장형(杖刑. 큰 형장으로 볼기를 치는 형벌), 도형(徒刑.중노동을 시키는 형벌), 유형(流刑. 귀양 보내는 형벌), 사형(死刑. 수형자의 목숨을 끊음)을 이른다.

43) 죄인을 지방이나 섬으로 보내 정해진 기간 동안 그 지역 내에서 감시를 받으며 생활하게 하던 일. 또는 그런 형벌을 말한다.

## 글

어떤 생각이나 일 등의 내용을 글자로 나타낸 기록. 또는 학문이나 학식을 비유적으로 이르는 말을 말한다. 또 말을 적는 일정한 체계의 부호를 일컫는다.

　예: 나의 어머니는 **글**을 배우지 못했지만, 사리분별은 명확했다.

## 글자

말을 적는 일정한 체계의 부호를 말한다.

　예: 노트에 적은 **글자**가 깨알 같다.

# 금·줄·선

## 금

접거나 긋거나 한 자국, 갈라지지 않고 터지기만 한 흔적을 말한다. 영어로는 line, crack이다.

　예: 연필로 **금**을 긋다.

## 줄

무엇을 묶거나 동이는 데 사용하는 가늘고 긴 물건을 통틀어 이르는 말이다. 영어로는 string, line이다.

　예: 기타를 들더니 **줄**을 퉁겼다.

## 선(線, line, wire)

그어 놓은 금이나 줄. 또는 철선이나 전선 따위를 통틀어 이르는 말이다. 또 기차나 전화 등의 선로를 이르는 말을 뜻한다. 영어로는 line, wire이다.

　예: 이 **선** 아래에는 기록하지 마세요.

## 금세·금새

### 금세

'지금 바로'의 뜻이다. '금시(今時)에'의 준말이다.

예: 비가 오고 나니 **금세** 선선해졌네요.

### 금새

금새는 물건의 값 또는 물건값의 비싸고 싼 정도를 말하기도 한다. '지금 바로'의 의미로 금새를 쓰면 잘못된 표기이다.

✎ 종종 금세를 '금새'로 표현하는 경우가 있다. 흔히 '그새', '밤새'는 '금세'와 달리 '사이'가 줄어든 형태다. '그사이', '밤사이'를 줄여 '그새,' '밤새' 라고 표현한다. 따라서 '밤새(사이)'는 '금세'의 '세(시에)'와는 다르다.

## 그끄제께·그저께·글피·그글피

### 그끄저께

오늘부터 사흘 전의 날을 이르며 그저께의 전날이다. 그끄제는 준말이다.

    예: 동생이 그저께인가 **그끄저께** 집에 들렀었다.

### 그저께

어제의 전날을 말한다.

### 글피

오늘부터 사흘 뒤의 날을 이르며 모레의 다음 날이다.

### 그글피

글피의 그 다음 날이며 오늘부터 나흘 뒤의 날을 이른다.

    예: 우리는 **그글피** 18시 정각에 만나기로 했다.

➡ 그끄저께 ← 그저께 ← 어제 ←『오늘』→ 내일 → 모레 → 글피 → 그글피

# 금성·샛별·개밥바라기

### 금성(金星)

샛별의 학술용어이다.

🖉 태양에서 두 번째로 가까운 행성이다. 지구로부터 가장 가까이 있는 천체로서 수성(水星)과 지구 사이에 있으며, 크기는 지구와 비슷하다.

### 샛별 / 개밥바라기

금성을 달리 이르는 말이다. 또는 장래에 큰 발전을 이룩할 만한 사람을 비유적으로 이르는 말이다.

🖉 새벽녘에 동쪽 하늘에서 보일 때는 샛별이라고 하고, 저녁 무렵 서쪽 하늘에서 보일 때는 개밥바라기라고 한다. 샛별이란 동쪽별이라는 뜻이다. 본래 새별이었는데, 태양계에서 새로 나타나거나 발견되는 별을 새로운 별이라는 의미에서 '새별'이라고 쓰는 것과 구별하기 위하여 지금은 '샛별'이라고 표기한다.

# 기각·각하

### 기각(棄却)

소송을 수리한 법원이 소(訴)나 상소가 형식적인 요건을 갖추었으나 그 내용이 실체적으로 이유가 없다고 판단하여 소송을 종료하는 일을 말한다.

예: 법원은 **기각** 이유를 조목조목 밝혔다.

### 각하(却下)

민사소송법에서 소(訴)나 상소가 형식적인 요건을 갖추지 못한 경우, 부적법한 것으로 하여 내용에 관한 판단 없이 소송을 종료하는 것을 말한다.

예: 서울가정법원은 소(訴)의 요건을 검토한 결과 **각하**하였다.

# 기소·공소·소추

### 기소(起訴)
검사가 특정한 형사사건에 대하여 법원에 심판을 요구하는 일을 말한다.
> 예: 검찰이 **기소** 여부를 결정했다.

### 공소(公訴)
공적으로 하소연함. 또는 검사가 법원에 특정 형사사건의 재판을 청구함. 또는 그런 일을 말한다.
> 예: 판사가 **공소**를 기각하였다.

### 소추(訴追)
형사사건에 대하여 공소를 제기하는 일을 말한다. 우리나라는 이에 대하여 국가 소추주의와 검사 소추주의를 택하고 있다. 또 고급 공무원이 직무를 집행할 때 헌법이나 법률을 위배하였을 경우 국가가 탄핵을 결의하는 일을 말한다. 기소, 공소와 비슷하나 보다 넓은 개념이다.
> 예: 국회의 탄핵**소추**는 정부감독의 한 수단이다.

➡ 검찰(검사)이 일정한 형사사건에 대하여 법원의 심판을 청구하는 것을 '기소' 또는 '공소'라 하고, 경찰이 검찰(검사)로 사건을 송부하는 것은 '송치'이다.

# 기재·기입·기록

### 기재(記載)
문서 따위에 기록하는 것을 말한다.
> 예: 지원서의 **기재** 내용이 다르다.

### 기입(記入)

수첩이나 문서 따위에 써넣는 것을 말한다.

　예: 성명 **기입**란에 성별을 적는 실수를 하다.

### 기록(記錄)

주로 후일에 남길 목적으로 어떤 사실을 적음. 또는 그런 글을 말한다.

　예: 발언 내용을 **기록**으로 유지한다.

## 기차·열차

### 기차(汽車)

여객차나 화차를 끌고 다니는 철도 차량이다. 증기기관차·디젤기관차·전기기관차 등이 있다. 기관차에 여객차나 화물차를 연결하여 궤도 위를 운행하는 차량. 사람이나 화물을 실어 나른다.

　예: **기차**가 철로 위를 달린다.

### 열차(列車)

여러 개의 찻간을 길게 이어 놓은 차량을 말한다. 흔히 전철이나 기차 따위를 이른다.

　예: 상행**열차**. **열차**에 오르다.

➡ 기차, 열차, 전동차, 고속전동차 등 여러 이름으로 불린다. 기차와 열차는 생활 속에서 같은 의미로 사용하고 있다.

# 기피·회피

## 기피(忌避)

싫어하는 일이나 꺼려지는 일을 피하는 것을 말한다. 법률용어로서 법관, 법원 직원 따위가 한쪽 소송 관계인과 특수한 관계에 있거나, 어떠한 사정으로 불공평한 재판을 할 염려가 있다고 여겨질 때 다른 쪽 소송당사자가 그 법관이나 직원의 직무 집행을 거부하는 일을 말한다.

> 예: 젊은 사람들은 힘들고 지저분한 일을 **기피**한다.
> 예: 법무부 징계위원회는 Y 검찰총장의 **기피**신청을 기각했다.

## 회피(回避)

몸을 숨기고 만나지 아니함. 또는 꾀를 부려 마땅히 져야 할 책임을 지지 아니함을 말한다. 일하기를 꺼리어 선뜻 나서지 않는 것을 말하기도 한다.

> 예: 본인의 권리는 주장하면서 책임은 **회피**한다.

# 기후·기상

## 기후(氣候)

일정한 장소에서 여러 해에 걸쳐 나타난 기온·비·눈·바람 따위의 평균 상태를 말한다.

> 🖉 날씨의 총체적인 것을 내포하는 개념이다. 대개 특정 지역에서의 30년 기상치의 평균값을 말하는 평년값[44]으로 나타낸다.
> 예: 중국은 영토가 넓어 **기후**의 차가 크다.

---

44) 평년값이란 1958년 세계기상기구(WMO)가 1961년부터 과거 30년 단위로 기온·강수량·바람 등 기후 측정값의 평균을 낸 것으로 기후 변동의 참고 자료로 활용한다.

### 기상(氣象)

대기 중에서 일어나는 물리적인 현상을 통틀어 이르는 말이다. 일반적으로 날씨와 동일하게 사용한다.

예: **기상** 악화로 비행기 출발 시각이 지연된다.

## 기획·계획

### 기획(企劃)

일을 꾀하여 계획함을 말한다. 기업이나 공공기관에서 많이 사용하는 말이다.

예: 공연**기획**, 방송**기획** 등

### 계획(計劃)

앞으로 할 일의 절차, 방법, 규모 따위를 미리 헤아려 작정함. 또는 그 내용을 말한다. 계획은 기획의 목적을 달성하기 위한 하나하나의 세부적 방침까지를 이를 때도 있다.

예: 여행**계획**을 세우다.

## 껍질·껍데기

### 껍질

딱딱하지 않은 무른 물체의 거죽을 싸고 있는 질긴 물질의 켜를 말한다.

예: 사과와 포도 **껍질**은 영양이 풍부하다.

### 껍데기

달걀이나 조개 같은 것의 겉을 싸고 있는 단단한 물질. 또는 알맹이를 빼내고 겉에 남은 물건을 말한다. 화투에서, 끗수가 없는 패짝을 일컫기도 한다.

예: 소라 **껍데기** / 예: 땅콩 **껍데기**를 아지직거리며 깨물다.

→ 이불의 속을 빼내고 겉에 이불을 쌌던 것을 이불 껍데기라고 한다. 껍질 대신 깍지라는 말도 있는데, 콩 따위의 알맹이를 까낸 꼬투리는 콩깍지라고 한다.

## 꼬리·꽁지

### 꼬리

동물의 꽁무니나 몸뚱이 뒤끝에 붙어서 조금 나와 있는 부분. 혹은 사물의 한쪽 끝에 길게 내민 부분을 비유적으로 이르는 말이다.

예: 강아지가 **꼬리**를 흔든다.

### 꽁지

새 따위의 꽁무니에 붙은 깃이나 주로 기다란 물체나 몸통의 끝부분을 말한다.

예: 공작이 **꽁지**를 활짝 펴고 뽐낸다.

## 끝·마지막

### 끝

시간, 공간, 사물 따위에서 마지막 한계가 되는 곳. 또는 긴 물건에서 가느다란 쪽의 맨 마지막 부분을 말한다.

예: 시작과 **끝** / 예: 복도 맨 **끝**에 화장실이 있다.

예: 송곳의 **끝**을 조심해라.

### 마지막

시간, 순서에서의 맨 끝을 말한다.

예: **마지막** 열차 / 예: **마지막**에 들어온 사람이 문을 닫는다.

ㄴ

니은

# 나발·나팔

### 나발(喇叭)

옛 관악기의 하나. 놋쇠로 긴 대롱같이 만드는데, 위는 가늘고 끝은 퍼진 모양이다. 지껄이거나 떠들어 대는 입을 속되게 이르는 말을 뜻하기도 한다.

주로 명사 뒤에서 '~이고, 나발이고'에 구성으로 쓰여 해당 명사를 업신여기거나 얕잡는 뜻을 나타내는 말이다.

예: **나발** 소리에 따라 병졸들이 진군을 한다.

예: **나발** 불지 말고 잠자코 있어. / 예: 체면이고, **나발**이고.

### 나팔(喇叭)

밸브가 없는 간단한 트럼펫으로, 군대에서는 행진을 할 때나 신호용으로 쓰인다. 끝이 나팔꽃 모양으로 된 금관 악기를 두루 이르는 말로도 쓰인다. 음악에서 나발의 뜻도 있다.

예: 기상 **나팔**소리에 잠이 깨다.

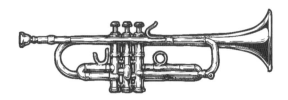

# 나침반·나침판·나침의

## 나침반(羅針盤)
항공, 항해 따위에 쓰는 지리적인 방향지시 계기를 말한다.
✐ 자침이 남북을 가리키는 특성을 이용하여 만든다.

## 나침판(羅針판)
나침반과 같은 말이다.
✐ 표준말로 인정하지 않으려는 시도가 있었지만, 표준어로 등재되었다.

## 나침의(羅針儀)
지리적 방향을 지시하는 기계를 말한다.
✐ 나침반, 나침판, 나침의는 같은 말이다.

# 낟알·낱알

## 낟알
껍질을 벗기지 않은 곡식의 알맹이나 쌀알을 말한다. 일반적으로 곡식의 알을 낟이라고 하고, 낟이 붙은 볏단이나 보릿단을 쌓아 올린 더미는 낟가리다.
　　예: **낟알**이 굵다. **낟알**이 여물다.

## 낱알
하나하나 따로따로인 알. 알곡 따위의 하나하나의 알을 뜻한다.
　　예: 진주 **낱알**을 하나하나 꿰어 목걸이를 만들었다.

➡ 낟알은 곡식의 알을 말하고, 낱알은 어떤 사물의 낱낱의 알을 뜻한다.

# 날씨·일기·기상

## 날씨

그날그날의 비, 구름, 바람, 기온 따위가 나타나는 기상 상태를 일컫는다.

> 예: 일기 예보에 따르면 내일은 **날씨**가 풀린다고 한다.

## 일기(日氣)

그날그날의 비, 기온, 구름, 바람 따위가 나타나는 공기 중의 상태를 말한다.

🖊 날씨가 구체적인 기상 상태를 표현한다면 일기는 전반적인 상황을
표현한다.

## 기상(氣象)

대기 중에서 일어나는 물리적인 현상을 통틀어 이르는 말이다. 바람, 구름,
비, 눈, 더위, 추위 따위를 이른다.

> 예: 고산지역은 **기상**변화가 심하다.

# 납량·납양

## 납량(納凉)

여름철에 더위를 피하여 서늘한 기운을 느낌. '~하다'를 붙여 동사로 '납량
하다.'라고도 표현하며 우리가 흔히 쓰는 피서와도 비슷한 말이다.

🖊 여름철 더위를 잊게 하기 위하여 기괴한 이야기, 무서운 이야기를
방송국에서 특집으로 마련한다. 이를 납량특집이라고 한다.

## 납양(納陽)

따뜻하게 볕을 쬐는 것을 뜻한다.

# 냄새·내음·향기

## 냄새
코로 맡을 수 있는 온갖 기운, 어떤 사물이나 분위기 따위에서 느껴지는 특이한 성질이나 낌새를 말한다.

> 예: 커피에서 구수한 **냄새**가 난다.
>
> 예: 그에게 부자 **냄새**가 난다.
>
> 예: 역한 **냄새**가 난다.

## 내음
코로 맡을 수 있는 향기로운 기운을 말하며 주로 문학적 표현으로 쓰인다.

> 예: 봄 **내음**이 물씬 풍기는 강변에서.

## 향기(香氣)
꽃, 향, 향수 따위에서 나는 좋은 냄새를 말한다.

> 예: 백합 **향기**에 흠뻑 취하다.

# 너비·넓이

## 너비
평면이나 넓은 물체의 가로로 건너지른 거리를 말한다.

> 예: 강의 **너비**가 길다.

## 넓이
일정한 평면에 걸쳐 있는 공간이나 범위의 크기를 말한다.

> 예: 밭의 **넓이**를 재다.

# 노동(蘆洞)1호·노동(勞動)1호

### 노동1호(蘆洞一號)

북한이 보유하고 있는 중거리 탄도미사일을 말한다.

🖊 노동이라는 이름은 미국 국방성이 북한의 미사일 기지가 있는 함경
북도 노동(蘆洞)의 지명에서 따온 코드명이다.

### 노동1호(勞動一號)

천리마운동, 노농적위대, 노동당, 노동신문 등은 북한과 연관된 말들이다.
북한 미사일과 관련하여 일부에서 노동1호(勞動一號)라고도 하는데, 이는 함경
도의 지명에서 유래된 '노동1호(蘆洞一號)'의 잘못된 표현이다.

# 노래·음악

### 노래

가사에 곡조를 붙여 목소리로 부를 수 있게 만든 음악. 또는 그 음악을 목소
리로 부르는 것을 말한다. 가곡, 가사, 시조 따위와 같이 운율이 있는 언어로
사상과 감정을 표현함. 또는 그런 예술 작품을 뜻한다. 같은 말을 자꾸 되풀이
하여 졸라 댐을 말하기도 한다.

🖊 모든 노래(song)는 음악(music)이지만, 음악에는 노래만 있는 것은
아니다.

### 음악

박자, 가락, 음성 등을 조화하고 결합하여, 목소리나 악기를 통하여 사상
또는 감정을 나타내는 예술이다.

🖊 음악은 유럽의 고전음악과 영국, 미국을 중심으로 발전한 대중음악으로
나뉜다. 물론 각 나라와 민족만의 전통음악도 있다. 악기로 곡을 표현

하는 것을 연주(演奏)라고 한다. 고전음악계에서는 기악과 성악 연주로
구분하는데 사람의 목소리로 표현하는 성악을 연주로 본다.

# 노래 가사(佳詞)·가사(歌詞)

## 노래 가사(노래佳詞)[45]
노래로 불릴 것을 전제로 하여 쓰인 글을 말한다.
> 예: 이 **노래 가사**는 참 서정적이다.

## 가사(歌詞)
가곡, 가요, 오페라 따위로 불릴 것을 전제로 하여 쓰인 글을 말한다.
> 예: 유행가 **가사**.

➡ 노래 가사(노래佳詞)는 노래로 불릴 것을 전제로 하여 쓰인 글을 말한다.
노래는 가사에 곡조를 붙여 목소리로 부를 수 있게 만든 음악. 또는 그 음악을
목소리로 부르는 것을 말하며, 가사(佳詞)는 아름다운 말이나 글을 뜻한다.

# 노력(努力)·노력(勞力)

## 노력(努力)
목적을 이루기 위하여 몸과 마음을 다하여 애씀을 말한다. 영어로 ef-
fort(수고, 노력)의 의미를 갖는다.
> 예: **노력**(努力)한 만큼 성적이 나온다.

## 노력(勞力)
힘을 들여 일함을 뜻한다. 영어로는 labor(노동, 노동력)의 의미를 갖는다.
> 예: 아버지께서 수해 현장에 **노력**(勞力)봉사를 가셨다.

---

45)  노래 가사를 말할 때 '노래 가사(歌詞)'로 알고 있는 경우가 있으나 '노래 가사(佳詞)'가 올바른 표현이다.

# 노(露)숙자 · 노(路)숙자

### 노숙자(露宿者)
길이나 공원 등지에서 한뎃잠을 자는 사람을 말한다.
- 路(길 로) 자가 아니라 露(드러날 로) 자를 쓴다. 길에서 자는 사람이 아니라, 몸을 드러내고 바깥에서 잔다는 뜻이다. 노점상(露店商)도 露(드러날 로) 자를 쓴다.

### 노숙자(路宿者)
길을 의미하는 로(路) 자로 쓰기 쉽다. 노숙자(露宿者)의 잘못된 표현이다.

# 노인 · 노틀

### 노인
나이가 들어 늙은 사람을 말한다.

### 노틀
늙은 남자를 속되게 이르는 말이다.
- 중국어 노두아(老頭兒)에서 기원한 말이다. 나이 먹은 사람을 대접하여 이르는 말인 중국어 '노두'에 접미사 '兒'가 덧붙어서 만들어진 차용어인데, 우리나라에서는 노틀로 사용되며 흰 머리털과 수염을 연상해서인지 노털로 알고 있는 사람도 많으나, 표준어로 인정된 것은 '노틀'이다. 또 노틀은 범죄자 집단의 은어로 사용되고 있다.

# 녹녹·녹록

**녹녹(하다)**

물기나 기름기가 섞여 말랑말랑하고 좀 무르며 보드라운 것을 뜻한다. '말랑말랑하다', '부드럽다'와 비슷하다.

예: 이슬비가 와서 땅이 **녹녹**해졌다.

**녹록(錄錄하다)**

평범하고 보잘것없다. 또는 만만하고 상대하기 쉽다는 말이다.

예: 기업 활동이 **녹록**하지 않다.

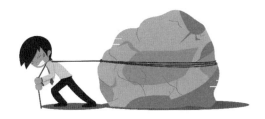

## 누룽지·눌은밥

### 누룽지

솥 바닥에 눌어붙은 밥을 말한다.

    예: 밥솥에 눌어붙은 **누룽지**를 긁다.

### 눌은밥

솥 바닥에 눌어붙은 밥에 물을 부어 불려서 긁은 밥을 말한다.

    예: 아버지는 **눌은밥**을 좋아했다.

## 누적·축적

### 누적(累積)

포개어 여러 번 쌓음. 또는 포개져 여러 번 쌓임을 뜻한다. 시간이 지남에 따라 자연적으로 쌓이는 경우에 주로 쓰인다.

    예: 피로 **누적**. 불만 **누적** / 예: 코로나 **누적** 감염자가 만 명으로 늘었다.

### 축적(蓄積)

지식, 경험, 자금 따위를 모아서 쌓음. 또는 모아서 쌓은 것을 말한다. 어떠한 의지를 가지고 행하는 경우에 쓰인다.

    예: 부의 **축적**

    예: 인류의 역사는 다양한 기록의 **축적**을 통해 만들어진다.

➜ 누적은 주로 부정적인 것이 주어로 올 때 쓰이며, 축척은 긍정적인 주어가 올 때 주로 쓰인다. 다만, '수익률', '점수' 등 수치가 주어로 올 경우에는 '누적'이 쓰이고 있다.

# 누출·유출

### 누출(漏出)

액체나 기체 따위가 밖으로 새어 나옴. 또는 그렇게 함을 말한다. 또 비밀이나 정보 따위가 밖으로 새어 나감을 뜻한다.

예: 가스 **누출**사고가 났다.

### 유출(流出)

밖으로 흘러 나가거나 흘려 내보냄. 또는 귀중한 물품이나 정보 따위가 불법적으로 나라나 조직의 밖으로 나가거나 내보내는 것을 의미한다.

예: 우리 문화재가 일본으로 **유출**됐다.

➜ 비밀이나 정보가 빠져나가는 것에는 누출과 유출을 모두 쓸 수 있다. 누출과 유출은 같은 의미로 쓰이지만, 문화재와 같이 귀중품의 경우 유출이 더 잘 어울린다.

# 늑장·늦장

### 늑장

느릿느릿 꾸물거리는 태도를 일컫는 말이다. 복수 표준어로 '늦장'과 같은 뜻이다.

예: **늑장**을 부리다가 지각을 했다.

### 늦장

느릿느릿 꾸물거리는 태도를 이르는 말이다. 복수 표준어로 '늑장'과 동의어다.

예: 어머니가 심부름을 시키면 **늦장**을 부린다.

# ㄷ

디귿

# 다슬기·우렁이·골뱅이

### 다슬기

다슬깃과의 연체동물이며 몸길이는 2cm정도이다. 검은 갈색이나 누런 갈색이고 때로 흰 얼룩무늬가 있다.

✎ 예전엔 번데기에 필적하는 거리음식의 재료로 유명했다. 요즘은 해장국의 재료로서 올갱이란 사투리가 표준어보다 더 유명해졌다.

### 우렁이

우렁잇과의 고둥을 통틀어 이르는 말이다. 껍데기는 원뿔형이며 어두운 녹색이며 무논, 웅덩이 등지에서 서식한다.

　　예: 논에서 아이들이 **우렁이**를 잡는다.

### 골뱅이

수염고둥과의 동물이다. 얕은 바다에 살며 단단한 흑갈색의 껍데기를 가졌으며 식용으로 쓰인다. 몸길이는 약 6cm 정도이다.

　　예: 술안주로 **골뱅이**무침이 최고다.

# 다음날·다음 날

## 다음날
미래의 어떤 날을 의미한다.
> 예: 오늘 못한 회의는 **다음날**에 하자.

## 다음 날
어떤 날의 그다음 날을 의미한다.
> 예: 결혼식을 하고, 그**다음 날** 신혼여행을 간다.

→ 큰집(종갓집)과 큰 집(집이 큰 집), 하루빨리(하루속히)와 하루 빨리(하루 먼저), 머릿속(생각을 하는 머릿속의 추상적 공간)과 머리 속(두개골의 내부), 한번(기회, 강조, 시도의 의미)[46]과 한 번(횟수의 의미)이 다르다. 예전의 어느 겨울은 '지난 겨울'이고, 바로 전의 겨울은 '지난겨울'이다. '지난봄', '지난여름', '지난주', 지난해'의 경우도 마찬가지다.

# 단근질·담금질

## 단근질
불에 달군 쇠로 몸을 지지는 일을 말한다.
> 예: 모진 **단근질**까지 당하고도 말문을 열지 않았다.

## 담금질
고온으로 열처리한 금속재료를 물이나 기름 속에 담가 식히는 일. 또는 부단하게 훈련을 시킴을 비유적으로 이르는 말이다.
> 예: 쇠는 **담금질**하면 할수록 단단해진다.

---

46) '다음에 밥 한번 먹자'라고 할 때는 기회를 말하는 것으로 '한번'으로 표현한다. '우리 회사에서 는 일주일에 한 번씩 회식을 한다.'라고 할 때는 횟수를 의미하는 것으로 '한∨번'으로 표현한다

# 단비·실비·여우비

## 단비

꼭 필요할 때에 알맞게 내리는 비를 말한다.

> 예: 가뭄 끝에 **단비**가 내렸다.

## 실비

실처럼 가늘고 길게 금을 그으며 내리는 비를 말한다.

> 예: 신록 위에 **실비**가 내렸다.

## 여우비

맑은 날에 잠깐 오다가 그치는 비를 말한다.

> 예: **여우비**가 온 끝이라 개울가의 풀들이 뚜렷하였다.

➡ 이외에도 비(雨)에 관한 우리말이 많다.[47]

---

47) 가루비(가루처럼 포슬포슬 내리는 비), 잔비(가늘고 잘게 내리는 비), 싸락비(싸래기처럼 포슬포슬 내리는 비), 날비(놋날 즉. 돗자리를 칠 때 날실로 쓰는 노끈처럼 가늘게 비끼며 내리는 비), 발비(빗발이 보이도록 굵게 내리는 비), 작달비(굵고 세차게 퍼붓는 비), 달구비(달구 즉. 땅을 다지는 데 쓰이는 쇳덩이나 둥근 나무토막으로 짓누르듯 거세게 내리는 비), 먼지잼(먼지나 잠재울 정도로 아주 조금 내리는 비), 개부심(장마로 홍수가 진 후에 한동안 멎었다가 다시 내리는 비), 바람비(바람이 불면서 내리는 비), 도둑비(예기치 않게 밤에 몰래 살짝 내린 비), 누리(우박), 궂은비(오래오래 오는 비), 보름치(음력 보름 무렵에 내리는 비나 눈), 그믐치(음력 그믐 깨에 내리는 비나 눈), 웃비(비가 그치지 않고 한참 내리다가 잠시 그친 비), 해 비(한쪽에서 해가 비치면서 내리는 비), 꿀 비(농사짓기에 적합하게 내리는 비), 목 비(모낼 무렵에 한목 오는 비), 못 비(모를 다 낼 만큼 흡족하게 오는 비), 약 비(요긴한 때에 내리는 비), 모다깃비(뭇매를 치듯이 세차게 내리는 비), 우레 비(우레가 치면서 내리는 비), 마른 비(땅에 닿기도 전에 증발되는 비), 오란비(장마의 옛말), 건들장마(초가을에 비가 개고, 또 내리다가 개이고 하는 장마), 일비(봄비, 비가와도 일을 한다는 의미), 잠비(여름에는 바쁜 일이 없어 비가 오면 잠을 잔다는 의미), 떡 비(가을비. 가을걷이가 끝나 떡을 해 먹으면서 여유 있게 쉴 수 있다는 의미), 술 비(겨울비. 농한기라 술을 마시면서 놀기 좋다는 의미), 비 꽃(비가 시작 될 때 몇 방울 떨어지는 비) 등 30여 가지의 명칭이 있다.

# 땅·뭍

## 땅
강이나 바다와 같이 물이 있는 곳을 제외한 지구의 겉면을 말한다.

예: 우리의 **땅**은 우리가 지킨다.

## 뭍
지구 표면에서 강이나 바다를 뺀 나머지 부분을 말한다. 땅 중에서도 섬이 아닌 본토를 가리킨다.

예: 해녀들이 물질을 끝낸 후 **뭍**에서 휴식을 한다.

# 대(臺)·봉(峯)·산(山)

## 대(臺)
흙이나 돌 따위로 쌓아 올려 사방을 바라볼 수 있게 만든 곳. 또는 물건을 떠받치거나 올려놓기 위한 받침이 되는 기구를 통틀어 이르는 말이다. 받침이 되는 시설이나 이용물. 또는 높고 평평한 건축물, 평지보다 솟은 바위의 높은 곳, 주변의 조망이 좋고, 탁 뜨인 전경이 한눈에 들어오는 곳을 말한다.

예: (조선 시대의) 봉화**대**, 전망**대**, 조망**대** 등 / 예: 계산**대**, 건조**대**, 장독**대**,
진열**대**, 세면**대**, 급수**대** 등 / 예: 청와**대**, 화랑**대**, 무열**대**, 선봉**대**,
자운**대** 등 / 예: 북한산 백운**대**, 속리산 문장**대**, 도봉산 신선**대** 등

## 봉(峯)
산에서 뾰족하게 높이 솟은 부분을 말한다. 산(山)보다는 좁고, 대(臺)보다는 넓은 의미가 있다.

예: 북한산 인수**봉**, 도봉산 관음**봉** 등

### 산(山)

평지보다 높이 솟아 있는 땅의 부분이다. 대(臺)와 봉(峯)을 포함하고 있다.

> 예: 설악산, 삼악산, 치악산 등

## 군·대군·공주·옹주

### 대군(大君)

왕의 적자(嫡子)[48]에게 주던 작위[49]. 또는 군주(君主)를 높여 이르던 말이다.

> 예: 세조의 봉호[50]는 수양대군이었는데, 그는 세종과 소헌왕후 심 씨의
> 차남이었다.[51]

### 군(君)

후궁이 낳은 아들을 말한다. 광해군, 연산군 등이 있다.

> 예: 광해군은 조선 15대 왕이다. 선조의 둘째 아들로서 본명은 이혼
> (李琿)이다.

### 공주(公主)

정실 왕비가 낳은 임금의 딸을 이르던 말이다.

### 옹주(翁主)[52]

후궁이 낳은 임금의 딸을 이르던 말이다.

---

48) 정실이 낳은 아들을 말한다.
49) 벼슬과 지위를 통칭한다.
50) 왕이 봉하여 내려준 호(號)를 말한다.
51) '세종', '세조'등은 묘호다. 왕의 이름 뒷글자에 '조(祖)'와 '종(宗)'이 있는데 왕의 업적인 공과 덕을 기준으로, 다음 왕과 신하들이 의논하여 결정하였다. 왕조를 새롭게 세우거나 큰 공을 세웠을 경우는 '조'를 붙이고 태평성대를 이루게 해준 왕의 경우는 '종'을 붙였다.
52) 옹주는 조선 중기 이전에, 세자빈이 아닌 임금의 며느리를 이르던 말이었다. 옹주라는 명칭은 오랫동안 여러 가지 뜻으로 불리어 오다가 『경국대전』에서 왕의 서녀(庶女)만 칭하도록 규정되었다.

## 대증요법·대중요법

### 대증요법(對症療法)

병의 원인을 찾아 없애기 곤란한 상황에서, 겉으로 나타난 병의 증상에 대응하여 처치를 하는 치료법을 말한다.

> 🖋 열이 날 때 머리에 얼음주머니를 대거나 냉찜질을 하는 등 대중요법의 상대적 개념으로 병의 원인에 직접 작용하여, 이를 완전히 제거하는 치료법은 원인요법이다.

### 대중요법(大衆療法)

사람들에게 잘 알려진 치료방법이어서인지 많은 사람을 의미하는 대중이라는 말로 인하여 '대중요법'으로 사용하는 경우가 있으나 '대중요법'의 잘못된 표현이다.

## 대치·대체

### 대치(代置)

다른 것으로 바꾸어 놓음을 말한다.

> 예: 소형 선풍기를 대형 선풍기로 **대치**하였다.

### 대체(代替)

다른 것으로 대신함을 말한다.

> 예: 기말고사를 연구보고서로 **대체**(대신)한다.
> 예: 철수가 숙직이었는데 영수가 **대체**(대신)근무를 하고 있다.

➡ 대치와 대체는 문맥에 따라 혼용하기도 한다.

## 덫 · 올가미 · 올무

### 덫

짐승을 유인하여 잡는 기구. 또는 남을 모함하기 위한 교활한 꾀를 비유적으로 이르는 말이다.

　　예: **덫**을 놓아 산 짐승을 잡았다.

### 올가미

새끼나 노[53] 따위로 옭아서 고[54]를 내어 짐승을 잡는 장치. 또는 사람이 걸려들게 만든 수단이나 술책을 말한다.

　　예: 줄의 한쪽 끝을 묶어 **올가미**를 만들었다.

　　예: 사기꾼의 계획된 **올가미**를 빠져나가기가 힘들다.

### 올무

새나 짐승을 잡기 위하여 만든 올가미. 또는 사람을 유인하는 잔꾀를 말한다.

　　예: 노루가 잡힌 것을 확인하고 **올무**를 조였다.

　　예: 마귀의 **올무**에서 벗어나야 한다.

## 도장(道場) · 도량(道場)

### 도장(道場)

태권도, 유도 등 무예를 수련하는 곳을 말한다.

　　예: **도장**에서 심신을 수련한다.

---

53)　실, 삼, 종이 따위를 가늘게 비비거나 꼬아 만든 줄을 말한다.
54)　옷고름이나 노끈 따위의 매듭이 풀리지 않도록 한 가닥을 고리처럼 맨 것을 말한다.

### 도량(道場)

불교에서 부처나 보살이 도를 얻는 곳. 또는 도를 얻으려 수행하는 곳. 여러 가지로 뜻이 바뀌어, 불도를 수행하는 절이나 승려들이 모인 곳을 이르기도 한다. 같은 한자를 쓰고 도장, 도량으로 읽는다.[55]

예: 소림사는 예부터 많은 도인을 배출한 **도량**이다.

## 도하·도섭

### 도하(渡河)

강이나 내를 건너는 것. 군사용어로는 도하 장비를 사용하여 병력 등이 강을 건너가는 것을 말한다.

예: 아군의 **도하**작전이 개시되었다.

### 도섭(徒涉)

물을 걸어서 건너는 것. 군사용어로는 수심이 얕은 하천에서 병력과 장비를 별도의 도하 장비를 사용하지 않고 건너가는 것을 말한다.

예: 적들이 압록강을 **도섭**하여 국경을 침범했다.

---

55) 활음조는 한 단어가 이어질 때 인접한 음소들 사이에서 일어나는 특수한 음의 변화를 설명하기 위한 것으로, 발음하기 어렵고 듣기 거슬리는 소리에 어떤 소리를 더하거나 바꾸어, 발음하기가 쉽고 듣기 부드러운 소리로 되게 하는 음운현상을 말한다.

## 돋보기·졸보기·맞보기

### 돋보기

작은 것을 크게 보이도록 알의 배를 볼록하게 만든 안경을 말한다.

> 예: 노인들이 **돋보기**안경을 사용한다.

### 졸보기

근시인 사람이 쓰는, 오목 렌즈로 만든 안경. 또는 가까운 데 있는 것은 잘 보아도 먼 데 있는 것은 선명하게 보지 못하는 시력을 말한다.

> 예: 그는 두꺼운 **졸보기**를 사용해야 한다.

### 맞보기

도수(度數)가 없는 안경을 말한다.

> 예: 멋을 부리려고 **맞보기**를 사용한다.

## 돌발·우발

### 돌발(突發)

뜻밖의 일이 갑자기 일어남. 또는 어떤 일이 뜻밖에 별안간 일어남을 말한다. 유의어로 '우발'이 있다.

> 예: 자동차에 야생동물이 부딪혔다. **돌발** 상황이 생겨 지각을 했다.

### 우발(偶發)

우연히 일어남. 또는 그런 일을 말한다. 예기치 않게 우연히 발생함을 일컫는다. 유의어로 '돌발'이 있다.

> 예: 고의가 아닌 **우발**사고이다. / 예: 폭설이 예보됨에 따라 **우발**상황에
> 대비하여 승용차보다는 지하철을 이용한다.

# 돌장이·돌쟁이

## 돌장이
돌을 다루는 일을 업으로 하는 사람을 말한다. 석수라고도 한다.
> 예: 그 사람은 솜씨가 뛰어난 **돌장이**다.

## 돌쟁이
아기가 태어난 지 첫돌이 되거나 그 시기의 아이를 말한다.
> 예: 우리 손자는 아장아장 걷는 **돌쟁이**다.

# 동고동락·동거동락

## 동고동락(同苦同樂)
괴로움도 즐거움도 함께함을 말한다.
> 예: 우리는 평생 동안 **동고동락**하기로 맹세했다.

## 동거동락(同居同樂)
'동거'라는 말에 익숙하여서인지 동거동락이라고 쓰는 경우가 많으나, 동고동락의 잘못된 표현이다.

# 두렁·두둑

## 두렁
논이나 밭 가장자리에 경계를 이룰 수 있도록 두두룩하게 만든 것. 논이나 밭 가장자리로 작게 쌓은 둑이나 언덕을 말한다.
> 예: 논**두렁**과 밭**두렁**에도 콩을 심는다.

### 두둑

논이나 밭 가장자리에 경계를 이룰 수 있도록 두두룩하게 만든 것. 또는 논밭에 골을 타서 두두룩하게 흙을 쌓아 만든 곳을 말한다. 주위보다 두두룩한 곳. 또 방의 고래 옆에 쌓아 구들장을 막게 만든 언덕을 말하기도 한다.

> 예: 밭에는 잡초가 없지만, **두둑**에는 풀이 무성하게 자랐다.

> 예: 밭**두둑**의 굳은 흙에 호미질을 하였다.

➜ 고랑은 두둑한 땅과 땅 사이에 길고 좁게 들어간 곳을 '이랑'을 상대하여 이르는 말이다. 이랑은 논이나 밭을 갈아 골을 타서 두두룩하게 흙을 쌓아 만든 곳. 또는 갈아 놓은 밭의 한 두둑과 한 고랑을 아울러 이르는 말이다. 이랑은 사래라고도 한다.

## 들판·벌판

### 들판

들을 이룬 벌판을 말한다. 들은 편평[56]하고 넓게 트인 땅. 또는 논이나 밭으로 되어 있는 넓은 땅을 말한다.

> 예: 아버지는 **들판**에서 일을 하신다.

### 벌판

사방으로 펼쳐진 넓고 평평한 땅을 말한다. 벌은 넓고 평평하게 생긴 땅을 말한다. 갯벌, 황산벌 등과 같이 쓰인다.

> 예: **벌판**에 오곡이 무럭무럭 자란다.

➜ 들판의 상위어로 벌판이 있고, 들판의 하위어로는 초원, 평야, 야외, 황야 등이 있다.

---

56) '편평'은 동사로 쓰여 '넓고 평평하다'를 뜻하고, '평평하다'는 바닥이 고르고 판판한 것을 말한다.

# 등살·등쌀

## 등살
등에 있는 근육을 말한다.
> 예: **등살**이 꼿꼿하다.

## 등쌀
몹시 귀찮게 구는 짓을 말한다.
> 예: 아이들 **등쌀**에 집에서 쉴 수가 없다.

# 똥·대변

## 똥
사람이나 동물이 먹은 음식물을 소화하여 항문으로 내보내는 찌꺼기. 또는 먹물이 말라붙은 찌꺼기나 쇠붙이가 녹았을 때 나오는 찌꺼기를 말한다.
> 예: 약에 쓰려면 개**똥**도 보이지 않는다.

## 대변(大便)
똥을 점잖게 이르는 말이다.
> 예: 신체검사 시 **대변**검사를 한다.

## 뚜껑·덮개·마개

### 뚜껑

그릇이나 상자 따위의 아가리를 덮는 물건을 말한다.

　예: 솥**뚜껑**에 삼겹살을 굽기도 한다.

### 덮개

덮는 물건. 또는 그릇이나 상자 따위의 아가리를 덮는 물건을 말한다. 착한
마음을 덮어서 가리는 탐욕이나 성내는 마음을 일컫기도 한다.

　예: 자동차 **덮개**를 씌우다. / 예: 항아리 **덮개**.

### 마개

병의 아가리나 구멍 따위에 끼워서 막는 물건을 말한다.

　예: 술병에 **마개**를 하여 보관한다.

# 뒷심·뚝심

## 뒷심

남이 뒤에서 도와주는 힘. 또는 어떤 일을 끝까지 견디어 끌고 나가는 힘을 일컫는다.

> 예: **뒷심**이 세다.

## 뚝심

굳세게 버티거나 감당하여 내는 힘. 또는 좀 미련하게 불뚝 내는 힘을 말한다.

> 예: 그는 **뚝심**이 좋아!

# 들쭉날쭉·들쑥날쑥

## 들쭉날쭉

조금 들어가기도, 나오기도 하여 가지런하지 않은 모양을 말한다.

> 예: **들쭉날쭉** 솟은 봉우리가 참으로 아름답다.

## 들쑥날쑥

들쭉날쭉과 같은 말로 표준어다.

> 예: 강가에는 크고 작은 돌들이 **들쑥날쑥** 널려 있다.

# ㄹ·ㅁ

리을      미음

# 령(嶺)·고개·재·현(峴)·치(峙)

## 령(嶺)

재나 산마루의 이름이라는 뜻을 더하는 접미사를 말한다. 고개나 재를 뜻하는 한자어다.

예: 한계**령**과 미시**령**은 아름답다.

## 고개

산이나 언덕을 넘어 다니도록 길이 나 있는 비탈진 곳. 또는 일의 중요한 고비나 절정을 비유적으로 이르는 말이다.

예: 여우**고개**, 광덕**고개**, 미아리**고개** 등이 있다.

예: 주춤했던 전염병이 다시 **고개**를 들기 시작했다.

## 재

길이 나 있어서 넘어 다닐 수 있는, 높은 산의 고개. 또는 높은 산의 마루를 이룬 곳을 말한다.

예: 밀목**재**, 말티**재**, 박달**재** 등이 있다.

➡ 재나 고개 명을 한자로 표기할 때, 령(嶺), 현(峴), 치(峙) 등으로 구분하는 데에 엄밀한 기준에 의해 구분하거나 규칙성이 있는 것은 아닌 듯하다. 큰 산줄기가 아닌 낮은 산줄기나 구릉지의 분수계에는 잠(岺), 유(踰), 점(岾), 항(項), 척(尺)이라는 한자어를 붙이고 있다.[57]

---

57)  조성욱 『사람과 언론』, 제7호(2019. 겨울)

# 마당·뜰

## 마당

집의 앞이나 뒤에 평평하게 닦아 놓은 땅. 또는 어떤 일이 이루어지고 있는 곳을 말한다.

> 예: 아침 일찍 일어나 **마당**을 쓸었다.

> 예: 불이 나서 급한 **마당**에 속옷차림으로 뛰어나왔다.

## 뜰

집안의 앞뒤나 좌우로 딸려 있는 빈터를 말한다. 화초나 나무를 가꾸기도 하고, 푸성귀 등을 심기도 한다.

> 예: 아버지가 뜰에 나무를 심으셨다.

# 마을·동네·부락

## 마을

주로 시골에서, 여러 집이 모여 사는 곳을 말한다.

> 예: **마을** 회관에서 잔치를 열었다.

## 동네(洞네)

사람들이 생활하는 여러 집이 모여 있는 곳을 말한다.

> ✐ 한자어 '洞(마을 동)'에 사람들의 집합을 의미하는 접사 '네'(가령 우리네, 너네, 큰댁네 등)가 붙어 동네라고 한다. 마을과 동네는 생활 속에서 동일하게 사용한다.

**부락(部落)**[58]

시골에서, 여러 민가가 모여 이룬 마을. 또는 그 마을을 이룬 곳을 말한다. '양촌 부락' 등 일제 시대에 일본인들이 한국인을 격하시키기 위해 의도적으로 명명(命名)하였다는 기록이 있다.

## 마음·정신

### 마음

사람이 본래부터 지닌 성격이나 품성. 또는 사람이 다른 사람이나 사물에 대하여 감정이나 의지, 생각 따위를 느끼거나 일으키는 작용이나 태도를 말한다. 사람의 생각, 감정, 기억 따위가 생기거나 자리 잡는 공간이나 위치. 또는 사람이 어떤 일에 대하여 가지는 마음을 말하기도 한다. 또 사람이 사물의 옳고 그름이나 좋고 나쁨을 판단하는 심리나 심성의 바탕을 의미한다. 이성이나 타인에 대한 사랑이나 호의의 감정. 사람이 어떤 일을 생각하는 힘을 뜻하기도 한다.

예: 아내는 착한 **마음**을 가진 사람이다.

예: 나이가 들어도 **마음**은 청춘이다. / 예: **마음**으로 주는 선물이야.

### 정신(精神)

육체나 물질에 대립되는 영혼이나 마음. 또는 사물을 느끼고 생각하며 판단하는 능력 또는 그런 작용을 말한다. 마음의 자세나 태도. 또는 사물의 근본적인 의의나 목적 또는 이념이나 사상을 말하기도 한다. 철학에서 우주의 근원을 이루는 비물질적 실재를 이르기도 한다.

예: 군인**정신**이 투철하다.

---

58) 양촌부락 등 부락이라는 용어를 현재도 사용한다. 일본에서 '부락'이란 천민들이 사는 동네를 말한다. 지금도 일본에서는 조선인들이 사는 동네를 'ㅇㅇ부락'이라고 부른다. 일제 시대 잔재가 아직도 남아 있다. 지금은 그 쓰임새가 줄어들고 있으나 본래의 뜻을 안다면 써서는 안 될 말이다.

# 말·언어

## 말(言)

사람의 생각이나 느낌 따위를 표현하고 전달하는 데 쓰는 음성기호. 곧 사람의 생각이나 느낌 따위를 목을 통하여 조직적으로 나타내는 소리를 가리킨다.

　　예: **말**(言) 속에 뼈가 있다.

## 언어(言語)

생각, 느낌 따위를 나타내거나 전달하는데 쓰는 음성, 문자 따위의 수단. 또는 그 음성이나 문자 따위의 사회 관습적인 체계를 말한다.

　　예: 동물도 그들만의 **언어**가 있다.

# 머리·대가리

## 머리

사람이나 동물의 목 위의 부분을 말한다. 눈, 코, 입 따위가 있는 얼굴을 포함하며 머리털이 있는 부분을 이른다. 생각하고 판단하는 능력. 또는 머리에 난 털을 일컫기도 한다.

　　예: **머리**에 혹이 나다. / 예: **머리**가 좋다. / 예: 이발소에 가서 **머리**를
　　　　자르다.

## 대가리

동물의 머리. 또는 사람의 머리를 속되게 이르는 말이다. 길쭉하게 생긴 물건의 앞이나 윗부분을 말하기도 한다.

　　예: 사자의 머리는 크다. 콩나물 **대가리**는 작다.

# 먼지·티끌

## 먼지

가늘고 보드라운 티끌. 공중에 흩날리거나 물건 위에 쌓이는 아주 작고 가벼운 물질을 말한다.

> 예: 창틀의 **먼지**를 제거하다.

## 티끌

티와 먼지를 통틀어 이르는 말이다. 몹시 작거나 적음을 뜻하는 말로도 사용된다.

> 예: **티끌** 모아 태산이다.

# 면허·자격

## 면허(免許)

일반인에게는 허가되지 않는 특수한 행위를 특정인에게만 허가하는 행정처분이다. 특정한 일을 할 수 있는 공식적인 자격을 행정기관이 허가함. 또는 그런 일을 말한다. 법령에 의해 일반적으로 금지되어 있는 행위를 면허 없이 행하는 것은 불법이다.

> ✍ 의사, 간호사, 조종사, 기관사, 자동차운전자에게는 면허증을 발급한다.

## 자격(資格)[59]

일정한 신분이나 지위. 또는 일정한 신분이나 지위를 가지거나 일정한 일을 하는 데 필요한 조건이나 능력을 말한다.

> ✍ 공인중개사, 행정사, 요리사에게는 자격증을 발급한다.

---

59) 자격의 종류는 크게 국가자격과 민간자격으로 구분한다. 국가 자격은 국가 전문자격과 국가 기술자격으로 나눠지고, 민간자격은 공인자격과 등록자격으로 나뉜다. 국가 전문자격은 정부 행정부처에서 주관하며(예. 공인중개사, 행정사 등) 국가기술자격은 산업인력공단이나 상공회의소

→ 면허대상의 특정행위를 무면허자가 행할 경우 불법이다. 의사와 간호사의 경우 자격증이 아닌 면허를 발급한다. 즉 의사나 간호사의 면허 없이 의료행위를 하거나, 운전면허가 없이 운전하면 불법이 된다. 운전자격증이라고 하지 않고 운전면허증이라고 하는 이유가 여기에 있다. 면허는 공식자격을 국가행정기관에서 허가하는 개념이다. 의사나 간호사, 조종사 등과 같이 특정한 전문분야에 한하여 면허의 조건을 갖출 수 있도록 법률로 제한하고 있다.

## 명태·동태·황태

### 명태(明太)[60]

대구과에 속한 바닷물고기로 몸길이 약 50센티미터 내외이고, 눈과 입이 큰 것이 특징이다. 우리나라 동해안과 오호츠크 해, 베링 해, 아메리카 서해안, 일본 북부 연해 등에 분포한다.

### 동태(凍太)

얼린 명태를 말한다.

### 황태(黃太)

얼부풀어 더덕처럼 마른 북어를 말한다. 추운 겨울 동안에 얼렸다가 녹이기를 반복하여 말린다.

→ 갓 잡은 싱싱한 명태(선태, 鮮太)와 얼리지 않은 명태(생태, 生太) 등 30여 가지의 명칭이 있다.[61]

---

에서 발급한다.(예. 가스기능사. 건축설비기사 등) 민간자격 중 공인민간자격은 국가 자격에 준하는 전문성을 인정하는 자격(예. 태권도단증 등)이고, 등록민간자격은 주로 신생 직종에서 전문성을 인정받은 양질의 전문가를 양성하기 위한 자격이다.(예. 수화통역사. 열쇠관리사 등)

60) 옛날 함경도 명천에 성이 '태'가라는 고기잡이꾼이 살고 있었다. 어느 날 이상한 물고기를 한 마리 잡았는데, 이름을 누구도 몰랐다. 그래서 그 고을 사람들은 명천에서 잡았다고 하여 '명' 자를 따고, 그 고기를 잡은 사람의 성인 '태' 자를 따서 '명태'라고 이름 지었다는 유래가 있다.

61) 강태(강원도에서 잡히는 품질 나쁜 명태), 간태(간성 앞바다에서 잡히는 명태), 건태·북어(말린 명태), 망태(그물로 잡은 명태), 조태(줄낚시로 잡은 명태), 추태(가을에 잡은 명태), 춘태(봄에 잡은 명태), 일태(일월

# 모란 · 목란

## 모란(牡丹)

작약과의 낙엽활엽 관목[62]. 높이는 2미터 정도까지 자라고 5월경에 꽃을
피운다. 그 꽃을 모란꽃이라 하며 목단, 목단화라고도 한다.

> 예: 예로부터 **모란**은 부귀, 석류는 다자(多子), 복숭아는 장수, 연화는
> 고결을 의미한다.

## 목란(木蘭)

목련을 말한다. 목련과의 낙엽 활엽 교목[63]으로 높이 10m 정도까지 자라는
관상식물을 말한다. 봄에 잎보다 흰색, 자주색 꽃이 먼저 핀다.

> 예: **목련**은 벌써 봉우리가 맺기 시작했다.

에 잡은 명태), 이태(이월에 잡은 명태), 삼태(삼월에 잡은 명태), 막물태(명태잡이의 끝물에 잡은 명태). 은
어받이(초겨울 도루목 떼를 쫓는 명태). 소태, 중태, 대태(크기에 따라), 왜태(특히 큰 명태). 아기태·노
가리·애태(작은 새끼명태), 코다리(명태의 코를 꿰어 꾸들꾸들하게 말린 명태) 등이 있다.

62) 키가 작고 원줄기와 가지의 구별이 분명하지 않음. 성장 후 5∼6미터 이상 자라지 않는다. 진달
래. 개나리 등이다.

63) 줄기가 대체로 곧고 굵으며 높이가 8미터를 넘는 나무를 말한다. 소나무. 향나무 등이다.

## 모집·수집

### 모집(募集)
사람이나 작품, 물품 따위를 일정한 조건 아래 널리 알려 뽑아 모음을 말한다.
　　예: 테니스회원 **모집** 등.

### 수집(蒐集)
취미나 연구를 위하여 여러 가지 물건이나 재료를 모음. 또는 그 물건이나 재료를 말한다.
　　예: 나의 취미는 동전 **수집**이다.

➡ 수집(蒐輯)은 여러 가지 자료를 찾아 모아서 책을 편집하는 일에 한정한다. 모집(募集)과 수집(蒐集)은 한자어를 혼동하기 쉽다.

## 목례·묵례

### 목례(目禮)
고개를 숙이는 것이 아니라 눈짓으로 하는 인사를 말한다.
✒ 말없이 고개를 숙여서 하는 인사라면 목례가 아닌 묵례가 된다.

### 묵례(默禮)
말없이 고개를 숙이는 인사를 말한다.
　　예: 사무실에 들어선 그는 **묵례**로 예를 표하고 자기 자리로 가서 앉았다.

➡ 목례가 목(頸)을 숙여 예(禮)를 표하는 것으로 생각하기 쉬우나, 목례의 목은 목(頸)이 아닌 눈(目)이다. 목례는 눈인사이며, 묵례는 말없이 고개를 숙이는 인사이다. 默 자는 묵념(默念), 묵상(默想), 묵도(默禱)에도 사용한다.

## 목마·목말

### 목마(木馬)

나무로 말의 모양을 깎아 만든 물건. 어린이의 오락이나 승마 연습 따위에 쓴다. 조선 시대에, 종 2품 이상의 벼슬아치가 타던 수레, 긴 줏대에 외바퀴가 밑으로 달리고, 앉는 데는 의자 비슷하게 되어 있으며, 두 개의 긴 채가 달려 있는 것을 말한다. 또 기계 체조에 쓰는, 말의 모양처럼 만든 기구 중의 하나를 말한다.

　　예: 어린이들이 회전**목마**를 타고 싱글벙글한다.

### 목말

다른 사람의 어깨 위에 두 다리를 벌려 올라타는 일을 말한다.

　　예: 막내둥이가 **목말**을 타고 야구 경기를 본다.

## 목적·목표

### 목적(目的)

실현하고자 하는 일이나 나아가는 방향을 말한다. 실현하고자 하는 목표의 관념. 또는 목표로 향하는 긴장을 말한다. 철학에서 실천 의지에 따라 선택하여 세운 행위의 목표를 말한다.

　🖊 건강을 위해서 5kg을 감량하겠다고 할 때 '건강'은 목적이다.

　　예: 시험의 **목적**은 학생들의 학습능력을 평가하는 데 있다.

### 목표(目標)

목적을 이루려고 지향하는 실제적 대상으로 삼음. 또는 그 대상을 말한다. 도달해야 할 곳을 목적으로 삼음. 또는 목적으로 삼아 도달해야 할 곳을 이른다. 행동을 취하여 이루려는 최후의 대상을 말하기도 한다.

✎ 건강을 위해서 5kg을 감량하겠다고 할 때 '5kg 감량'은 목표다.

　　예: **목표**를 달성하다. / 예: **목표**를 향해 전진하다.


➡ 〈목적/목표〉의 용례를 보면 삶의 목적이 '행복'이라면 '내 집 마련'은 하나의 목표가 될 수 있으며, 여행의 목적이 '휴식'일 때, '낚시'나 '물놀이' 등은 목표가 될 수 있다.


## 무동·무등

### 무동(舞童)

조선 시대에, 궁중의 잔치 때 춤을 추고 노래를 부르는 아이. 또는 농악대·걸립패 따위에서 상쇠의 목말을 타고 춤추고 재주 부리던 아이를 일컫는다. 북청사자놀음에 등장하는 인물의 하나이다. '무동 태우다'라는 말은 옛날에 사당패나 걸립패 놀이에서 여장을 한 사내아이가 어른의 어깨 위에 올라가 춤을 추는 데서 나왔다고 한다. '무등 태우다'라는 표현을 쓰기도 하나 '무동 태우다'가 적절한 표현이다.

　　예: 아빠가 공원에서 **무동**을 태우고 산책을 하였다.


### 무등

무등은 목말의 경기 방언[64]으로 표준어로 인정하지 않는다.

✎ 유사어로 목말이 있다. 목말은 다른 사람의 어깨 위에 두 다리를 벌리고 올라타는 것을 말한다.


---

64)　방언과 관련하여 본 책의 『방언·사투리』 편에 설명이 되어 있다.(p126)

## 무효·취소

### 무효(無效)

보람이나 효과가 없음. 또는 사법에서, 어떤 원인 때문에 법률 행위의 내용에 따른 법률효과가 당연히 생기지 않는 일. 의사 무능력자의 법률 행위, 사회질서에 반하는 법률 행위, 불공정한 법률 행위 따위는 이것에 해당하는 법률 행위이다.

　　예: 합의사항이 **무효**가 되었다.

### 취소(取消)

발표한 의사를 거두어들이거나 예정된 일을 없애 버림. 또는 유효하게 성립한 법률 행위의 효력을 소급하여 소멸하는 의사 표시를 말한다.

　　예: 음주운전으로 면허가 **취소**되었다.

➜ 무효는 애초에 없었던 것이라면 취소는 있었던 것을 없애는 것이다.

# 문방구·문구점

## 문방구(文房具)

학용품과 사무용품 따위를 통틀어 이르는 말. 또는 학용품과 사무용품 따위를 파는 곳을 말한다.

  ✎ 책을 읽거나 글을 쓰는 방을 문방(文房) 또는 서재(書齋)라고 부르는데, 옛날에는 서재에서 글을 쓸 때 여러 가지 도구가 필요했다. 붓으로 글씨를 쓸 때 일명 문방사우(文房四友)라고 부르던 붓, 종이, 먹, 벼루가 필요했고, 요즘에는 펜이나 잉크 등이 필요하다. 이처럼 문방에서 필요한 여러 가지 기구를 가리켜서 문방구(文房具), 또는 문방제구(文房諸具)[65]라고 한다. 문방구는 본래 연필, 펜 등을 파는 곳이 아니라 글을 쓰는 데 필요한 도구 그 자체를 말했다. 그러나 문구점의 뜻으로 널리 쓰여, 표준국어대사전에서는 문구점의 뜻풀이를 덧붙였다.

## 문구점(文具店)

학용품점, 학용품 가게와 같은 말이다.

# 물골·물곬·물꼬

## 물골

밀물[66]과 썰물[67]의 흐름이 세찬 곳[68]. 또는 그 흐름을 뜻한다.

  예: 물골에는 물고기가 많이 모인다.

---

65)  '문방제구(文房諸具)'라는 말을 줄여서 '문구(文具)'라고 한다.
66)  해수면이 상승하는 현상을 말한다(바닷물이 육지 방향으로 들어옴).
67)  해수면이 하강하는 현상을 말한다(바닷물이 바다 방향으로 나감).
68)  협곡(峽谷)으로 갑자기 좁아진 골을 말한다.

## 물꾰

물이 흘러 빠져나가는 작은 도랑을 말한다. 농수로의 도랑과 갯벌에 바닷물이 드나드는 갯고랑[69]을 말한다.

>예: 비가 오면 논에 **물꾰**[70]을 내야 한다.


## 물꼬

논에 물이 넘어 들어오거나 나가게 하기 위하여 만든 좁은 통로. 또는 어떤 일의 시작을 비유적으로 이르는 말이다.

>예: 논의 **물꼬**를 막고 트는 문제로 이웃집과 갈등이 생겼다.

>예: 남북 교류의 **물꼬**를 트다.


# 미꾸라지·미꾸리

### 미꾸라지[71]

잉어목 미꾸릿과의 민물고기를 말한다.

생물학적 분류로 계(동물계), 문(척삭동물문), 강(조기어강), 목(잉어목), 과(미꾸리과), 속(미꾸리속), 종(미꾸라지)에 속한다. 우리가 흔히 먹는 미꾸라지를 넣고 끓인 국을 추어탕 또는 미꾸라짓국이라고 한다.

>예: **미꾸라지**가 시궁 속에서 꿈틀거린다.

### 미꾸리[72]

미꾸라지와 비슷한 다른 별개 어종의 물고기를 말한다. 미꾸라지를 뜻하는 경기, 강원, 충청지방의 방언이기도 하다.

>예: **미꾸리**를 넣고 추어탕을 끓였다고 한다.

---

69) 간석지 사이에 발달해 있는 하도(시내가 흐르는 길) 형태의 유로를 말한다. 간조 및 만조 시 주로 해수의 유로 역할을 하는 곳이다.
70) 물꾰은 물이 한쪽으로 흐르는 곳의 한 지점을 뜻하기도 한다.
71) 옛말에서는 '매', '미'가 물을 뜻했다. 여기서 '매끄럽다', '미끄럽다'가 생겼다는 설이 있다.(한겨레신문. 이근영)
72) 동물(계), 척삭동물(문), 경골어류과(강), 잉어목(목), 기름종개(과)의 민물고기를 말한다.

# ㅂ

비읍

## 바위·돌·모래

### 바위

부피가 매우 큰 돌을 말하며 암석이라고도 한다. 물속에 잠겨 보이지 않는 바위를 '여'라고 일컫는다. 또 가위바위보에서, 주먹을 쥐어 내미는 동작. 또는 그런 손을 말한다.

### 돌

흙 따위가 굳어서 된 광물질의 단단한 덩어리를 말한다. 모래보다는 크고 바위보다는 작은 것을 이른다. 대략 사람이 들 수 있는 정도를 일컫는다. 크기에 따라 돌덩이, 돌멩이, 자갈 등으로 구분한다.

### 모래

자연적으로 잘게 부스러진 돌 부스러기를 말한다. 왕모래와 잔모래로 나뉘는데, 보드랍고 고운 잔모래는 시새나 모새라고 한다. 물결에 밀려 한곳에 쌓인 잔모래는 목새라고 한다. 조개껍데기 등이 자연스럽게 부서져 고운 모래처럼 되기도 한다.

# 박수·손뼉

## 박수(拍手)

기쁨, 찬성, 환영 등을 나타낼 때 두 손뼉을 마주침을 말한다. 손뼉을 치는 것이 박수이며, '박수하다'가 올바른 표현이나 생활 속에서는 '박수하다'와 '박수치다'를 혼용하고 있다. '박수치다'는 '박수'라는 말 속에 손뼉을 치다는 뜻이 들어 있어 의미가 중복되고 비효율적이기는 하나, 이미 굳어져 널리 사용되고 있으므로 관용적 허용이 된 표현이다.

> 예: 공연이 끝나자 많은 사람의 **박수**가 쏟아졌다.

> 예: 의장이 폐회를 선언하자 모두 **박수**를 보냈다.

## 손뼉

손바닥과 손가락을 합친 전체 바닥을 말한다. '손뼉치다'는 손뼉을 두드린다는 것을 의미한다.

> 예: 모두가 **손뼉**을 쳤다.

# 반나절·한나절

## 반나절

한나절의 반(半). 또는 하루 낮의 반을 일컫는다.

✎ 반나절은 한나절의 절반을 말하는데, '한겻'이라고도 한다.

> 예: 일이 쉬워서 **반나절** 만에 끝날 것 같다.

## 한나절

하루 낮의 반(半). 또는 하루 낮 전체를 말한다.

✎ 나절은 하루 낮의 절반쯤 되는 동안. 또는 낮의 어느 무렵이나 동안을 말한다.

> 예: 그곳까지 가는 데 **한나절**이나 걸렸다.

# 반딧불·반딧불이·개똥벌레

### 반딧불
반딧불이의 꽁무니에서 나오는 빛. 또는 반딧불잇과의 딱정벌레를 일컫기도 한다.
> 예: 의식이 **반딧불**처럼 희미해졌다.

### 반딧불이
반딧불잇과의 딱정벌레를 통틀어 이르는 말이다.
> 예: 도시에서는 **반딧불이**를 볼 수가 없다.

### 개똥벌레
반딧불이와 같은 말이다. 반딧불이는 생물학상 과(科)를 분류하는 이름으로 불리고 있으나, 생활 속에서는 개똥벌레라고 한다.
> 예: 밤이 되면 뒷마당에 **개똥벌레**들이 날아다닌다.

# 반증·방증

### 반증(反證)

어떤 사실이나 주장이 옳지 아니함을 반대되는 근거를 들어 증명함. 또는 그런 증거를 말한다. 또 어떤 사실과 모순되는 것 같지만, 거꾸로 그 사실을 증명하는 것을 말한다.

예: 오해하고 있는 사실을 뒤집을 만한 **반증**이 없다.

예: 그들이 조용한 것은 더 큰 음모를 꾸미고 있다는 **반증**이다.

### 방증(傍證)

사실을 직접 증명할 수 있는 증거가 되지는 않지만, 주변의 상황을 밝힘으로써 간접적으로 증명에 도움을 줌. 또는 그 증거를 말한다.

예: 그가 방문한 것 자체가 오해를 풀었다는 **방증**이다.

예: 이 자료로 인해 그가 무죄임이 **방증**된 것 아닌가?

# 발명·발견

### 발명(發明)

지금까지 없던 기술이나 물건 따위를 새로 생각하여 만들어 냄을 일컫는다.

예: 알렉산더 그레이엄 벨이 전화기를 **발명**했다.

### 발견(發見)

미처 찾아내지 못하였거나, 아직 알려지지 않은 사물이나 현상, 사실 따위를 찾아냄을 말한다.

예: 신대륙은 콜럼버스가 **발견**했다.

# 발전·발달

### 발전(發展)

더 낫고 좋은 상태나 더 높은 단계로 나아감. 또는 일이 어떤 방향으로 전개됨을 말한다.

   예: 우리나라는 눈부신 경제**발전**을 하고 있다.

### 발달(發達)

신체, 정서, 지능 따위가 성장하거나 성숙함. 또는 학문, 기술, 문명, 사회 따위의 현상이 보다 높은 수준에 이름을 말한다. 또 지리상의 어떤 지역이나 대상이 제법 크게 형성됨. 또는 기압, 태풍 따위의 규모가 점차 커짐을 뜻한다.

   예: 통신 산업의 **발달**로 원거리 통신이 훨씬 편리해 졌다.

# 발화·인화

### 발화(發火)

불이 일어나거나 타기 시작함, 또는 그렇게 되게 함을 말한다. 총이나 포에 화약을 내쏘아 불이 일어나게 함을 일컫기도 한다.

   🖉 물체에 높은 열을 가하여 불꽃 없이 스스로 타는 현상이 발화다.

   예: 산불은 자연적으로 **발화**되기도 한다.

### 인화(引火)

불이 붙음. 또는 불을 붙임을 말한다.

   🖉 불꽃을 가져다 댔을 때 가연물에서 점화가 되는 현상이다.

   예: **인화**물질 실내 반입 금지

# 밤·야간

## 밤(夜)
해가 져서 어두워진 때부터 다음 날 해가 떠서 밝아지기 전까지의 동안을 말한다.
> 예: 어두운 **밤**에는 가급적 다니지 말라.

## 야간(夜間)
해가 진 뒤부터 먼동이 트기 전까지의 동안을 말한다.
> 예: **야간**에 일을 해서라도 내일 아침까지는 작업을 끝내야 한다.

# 밥·먹이

## 밥
쌀·보리 따위의 곡식을 씻어서 솥 따위의 용기에 넣고 물을 알맞게 부어 낟알이 풀어지지 않고 물기가 잦아들게 끓여 익힌 음식. 또는 끼니로 먹는 음식을 말한다. 또 동물의 먹이, 나누어 가질 물건 중 각각 갖게 되는 한 부분을 말하기도 하며, 남에게 눌려 지내거나 이용만 당하는 사람을 비유적으로 이르는 말이다.
> 예: 탄수화물 섭취를 줄이려고 **밥**을 줄인다.
> 예: 자기 **밥**그릇은 자기가 챙겨야지. / 예: 권력의 **밥**이 되고 말았다.

## 먹이
동물이 살아가기 위하여 먹어야 할 거리. 또는 사육하는 가축에게 주는 먹을거리를 말한다. 먹이의 종류에는 작은 동물, 곡류, 풀, 식물의 줄기나 잎, 열매, 뿌리 등이 있다.
> 예: 동물이 **먹이**활동을 한다.

## 방금·금방

### 방금(方今)[73]

명사로 쓰일 경우 '말하고 있는 시점보다 바로 조금 전', 또는 '말하고 있는 시점과 같은 때'를 말한다. '말하고 있는 시점부터 조금 후'를 이른다. 또 부사로 쓰여 '말하고 있는 시점보다 바로 조금 전'에 라는 뜻도 있다. 가까운 과거, 지금 막을 뜻하기도 한다.

> 예: **방금** 출발했다. / 예: **방금** 도착하는 중이야.

### 금방(今方)

부사로 쓰여 '말하고 있는 시점보다 바로 조금 전에', 또는 '말하고 있는 시점과 같은 때에', 또 '말하고 있는 시점부터 바로 조금 후에'의 뜻이다. 가까운 과거, 현재, 가까운 미래를 뜻한다.

> 예: **금방** 구워 낸 빵이 맛있다.
> 예: 화를 내자마자 **금방** 후회했다. / 예: **금방** 갈 거야.

➡ 국립국어원에서는 문맥에 따라 방금과 금방을 혼용해도 무방하다는 견해이나 '방금 출발할게'와 같이 방금을 미래형에 사용하면 어색한 경우도 있다.

## 방망이·몽둥이

### 방망이

무엇을 치거나 두드리거나 다듬는 데 쓰기 위하여 둥그스름하고 길게 깎아 만든 도구. 또는 야구에서, '타격'을 비유적으로 이르는 말이다.

> 예: 야구 **방망이**는 정해진 규격이 있다.

---

73) 방재(方在)와 같은 말이다.

## 몽둥이

조금 굵고 기름한[74] 막대기. 주로 사람이나 가축을 때리는 데에 쓴다.

예: **몽둥이**로 사람을 때리다.

➡ 막대기는 가늘고 기다란 단단한 물건을 말한다. 회초리는 사람을 때릴 때에 쓰는 나뭇가지로, 어린아이를 벌줄 때나 말과 소를 부릴 때 사용한다.

## 방(芳)명록·방(訪)명록

### 방명록(芳名錄)

어떤 일에 참여하거나 찾아온 사람들을 특별히 기념하기 위하여 그 사람들의 이름을 적어 놓은 기록. 또는 그 책을 말한다. 찾아온 사람의 이름을 나열하는 문서가 아니라, 꽃향기가 날 정도로 귀한 이름을 기록한다는 의미로 '芳(꽃다울 방)' 자를 사용한다.

예: **방명록**에 성함을 적어 주십시오.

### 방명록(訪名錄)

방문(訪問)이라고 할 때 '訪' 자를 사용하여 '방명록(訪名錄)'으로 적는 경우가 있다. 방명록(芳名錄)이 옳다.

---

74) '조금 긴 듯하다.'를 의미한다.

# 방언·사투리

### 방언[75]

한 언어에서 사용 지역 또는 사회 계층에 따라 분화된 말의 체계를 말한다.

🖋 언어는 서로 다른 언어를 쓰는 사람이 만나면 의사소통이 되지 않
는다. 방언은 그 차이가 그리 크지 않아 서로 다른 방언을 쓰는
사람들이 만나도 의사소통이 된다. 예외로 같은 중국어를 쓰는
사람이라도 광둥성 사람과 푸젠성 사람이 만나면 의사소통이 되지
않는다는 것은 널리 알려져 있다. 두 지방의 방언들이 일반적 방언
차보다 훨씬 크기 때문이다. 방언은 공통어에 대비된다. 프랑스에
서는 영어가 공통어이고, 프랑스어는 공용어다.

### 사투리

어느 한 지방에서만 쓰는 표준어가 아닌 말을 뜻한다.

예: 공적인 자리에서는 **사투리**보다는 표준어를 사용해야 한다.

## 방제·방재

### 방제(防除)

재앙을 미리 막아 없앰. 재앙이나 재해를 미리 막음. 또는 농작물을 병충해로
부터 예방하거나 구제하는 것을 일컫는다.

예: 해양오염 **방제**활동은 매우 중요하다.

예: 장마가 끝난 후 병충해 **방제**를 위해 농약을 뿌려야 한다.

---

75) '사투리'는 어느 한 지방에서만 쓰는, 표준어가 아닌 말을 이르지만, '방언'은 '사투리'의 개념을
포함하면서 한 언어에서, 사용 지역 또는 사회 계층에 따라 분화된 말의 체계를 이르는 것이
다. '사투리'보다 '방언'의 개념이 포괄적이라고 할 수 있다. 방언은 언어를 상위의 개념으로 하
는 하위의 개념이며, 어떠한 언어의 방언이라고 이야기하여야 하는, 언어를 전제로 하지 않으면
존재할 수 없는 개념이다.

**방재(防災)**

폭풍, 홍수, 지진, 화재 따위의 재해를 막는 일이다.

예: 한 달에 한 번씩 **방재**훈련을 한다.

## 방침·지침

### 방침(方針)

일을 치러 나갈 방향과 계획. 어떤 일에 대한 일반적이고 포괄적인 규정을 말한다.

예: 모든 실내에서 금연이 회사 **방침**이다.

### 지침(指針)

생활이나 행동 따위의 지도적 방법이나 방향을 제시하여 주는 준칙. 즉 방침에 대한 세부적인 규정을 말한다.

예: 실내 금연을 위반한 자에게 벌점을 부과하는 세부**지침**이 하달되었다.

## 방화(放火)·방화(防火)

### 방화(放火)

일부러 불을 지르는 것을 뜻한다.

예: **방화**범(放火犯)을 체포하다.

### 방화(防火)

불이 나는 것을 미리 막는 것을 말한다.

예: **방화**벽(防火壁), **방화**문(防火門)을 설치하다.

## 밭떼기·밭뙈기

### 밭떼기
밭에서 나는 작물을 밭에 나 있는 채로 몽땅 사는 일을 말한다.[76]
> 예: 배추를 **밭떼기**로 샀다.

### 밭뙈기
넓이가 얼마 안 되는 조그마한 밭을 말한다. 보잘것없는 밭을 얕잡아 이르는 말로도 쓰인다.
> 예: 시골에 있는 조그만 **밭뙈기**가 전 재산이다.
> 예: 손바닥만 한 **밭뙈기**였지만 부모님께는 소중한 밭이었다.

## 배부·배포·교부

### 배부(配付)
'나누어 줌'을 뜻한다. 출판물이나 서류 등을 나누어 주는 것을 말한다.
> 예: 지원자들에게 입학원서를 **배부**한다.

### 배포(配布)
'널리 나누어 줌'을 뜻한다. 신문이나 책자 따위를 널리 나누어 줌을 말한다.
> 예: 선거 홍보물을 모든 가정에 **배포**하였다.

### 교부(交附)
내어줌 또는 물건을 인도하는 일 등을 말한다.
> 예: 대학에서 입학원서를 **교부**하고 있다.

---

76) 일부 사전에는 밭에서 나는 채소, 곡물 등을 밭에 심어져 있는 상태에서 통째로 팔거나 사는 일을 뜻하기도 한다.

→ 배포에서 포(布)는 '펴다'의 뜻이 있다. 출판물과 서류, 물품 등을 나누어 주는 것이 배포이다. 즉 다수의 사람에게 나누어 주는 의미의 포(布)는 공포 (公布), 살포(撒布), 유포(流布) 등으로 쓰인다. 배부는 대상이 어느 정도 정해져 있는 다수에게 나누어주는 것이라면, 배포는 대상이 정해져 있지 않은 다수 에게 나누어 주는 의미가 있기도 하다.

## 배비·배치

### 배비(配備)[77]

배치하여 설비함. 군사적으로는 특정한 임무를 효과적으로 수행하기 위하여 전투력을 지형과 임무에 맞게 배치하는 것을 말한다.

예: 병력과 장애물은 지형과 적의 능력을 고려하여 **배비**한다.

### 배치(配置)

사람이나 물자 따위를 일정한 자리에 나누어 위치시키는 것을 말한다. 군사 적으로는 한 지역 내에서 예하 부대를 배열하는 것이다. 통상적으로 각 부대 본부의 위치와 그 예하부대의 전개를 포함한다.

예: 도로를 중심으로 전차나 각종 무기를 **배치**하였다.

---

77) 군사적으로 배비는 단순한 물리적인 배치의 차원과는 달리, 효과적인 전투력 발휘를 위해 병력과 장비를 적절하게 배치하는 데 초점을 둔다. 예를 들어 전차부대를 어떤 지역에 위치시킬 때, 도로 상태나 적의 전투력을 고려하여 예상 작전지역의 시·공간의 중심에 위치시키는 것도 배비의 한 개념이다.

# 배상·보상·변상

### 배상(賠償)

남의 권리를 침해한 사람이 상대방의 정신적·물질적 손해를 물어 주는 것을 말한다. 법적으로는 위법한 행위에 대한 배상이며, 일반적으로 손해배상이라고 한다.

예: 교통사고에 대한 손해를 **배상**해야 한다.

### 보상(報償)

남에게 끼친 손해를 갚는 것을 말한다. 국가 또는 단체가 국민이나 주민에게 가한 재산상의 손실을 갚아 주기 위하여 제공하는 대상(代償)을 말한다. 적법한 행위로 인한 손해를 메워 주는 것이 배상과 다르다.

예: 높은 금액의 토지 **보상**금을 지급한다.

### 변상(辨償)

남에게 진 빚을 갚음. 또는 남에게 끼친 손해를 물어줌을 말한다. 행정법에서 공유재산을 무단으로 사용 수익했을 경우에 징수하는 금액이 변상금이다.

예: 업무과실로 생긴 손실 금액은 해당 공무원이 **변상**하였다.

# 배서·이서

### 배서(背書)

책장이나 서화(書畵) 따위의 뒤쪽에 글씨를 씀. 또는 그 글씨를 말한다. 또 하나는 어음이나 수표 등의 소유자가 그 증권의 뒷면에 필요한 사항을 적고 서명하여 상대방에게 주는 일을 말한다. 우리말로는 뒷보증이다.

예: 약속어음의 **배서**는 위조된 것이었다.

### 이서(裏書)

배서와 유사한 의미로 사용하기도 한다. 일본말의 'うらがき(우라가끼)'라는 표현의 한자인 '이서(裏書)'를 그대로 사용하게 되었다. 배서(背書)라고 해야 옳다.

예: 수표로 계산 시에는 뒷면에 **이서**를 한다.

## 백수(白壽)·기이(期頤)

### 백수(白壽)

99세를 뜻한다. 백수는 '百'에서 '一(하나)'를 빼면 99가 되고 '白' 자가 되는 것에서 유래한다.[78]

예: 할머니의 **백수**를 맞이하여 온 가족이 함께 모였다.

### 기이(期頤)[79]

백 살의 나이. 또는 그 나이의 사람을 가리키는 말이다.

➡ 나이를 달리 일컫는 말들로 10대(충년, 沖年), 15세(지학, 志學), 16세(과년, 瓜年), 20세 남자(약관, 弱冠), 20세 전후의 한창 젊은 꽃다운 나이(방년, 芳年), 20세 전후의 여자(묘령, 妙齡)[80], 30세(이립, 而立), 40세(불혹, 不惑), 50세(지천명, 知天命, 반백, 半百), 60세(이순, 耳順, 육순, 六旬), 61세(환갑, 還甲, 회갑, 回甲), 62세(진갑, 進甲), 70세(고희, 古稀, 종심, 從心. 칠순, 七旬), 71세(망팔, 望八), 77세(희수,

---

78) 나이의 별칭으로 흔히 쓰는 일본식 조어(造語) 가운데 대표적인 경우의 하나다. 예전에는 99세는 커녕 70세까지만 살아도 아주 장수한 것으로 여겼다. 원래 99세는 별도 호칭이 없었는데 사람들이 문학적 표현으로 불혹(40세), 지천명(50세)과 같이 별칭이 있을 것이라고 생각하고 우리말과는 전혀 관련이 없는 일본식 조어를 그대로 사용하였는데 그것이 '백수'이다.

79) 『예기(禮記)』 『곡례(曲禮)』 상(上)에, "백 세가 되면 기라고 하고 이때가 되면 부양된다(百年日期頤)" 이는 백 세가 된 노인은 음식·거처·생활 등 모든 면에서 부양에 의존해야 하기 때문에 이(頤)라고 한다.

80) '묘령(妙齡)'은 스무 살 안팎의 여자 나이를 일컫는 말이며, '방년(芳年)'은 이십 세 전후의 한창 젊은 꽃다운 나이를 말한다.

喜壽), 80세(팔순, 八旬, 산수, 傘壽), 81세(망구, 望九)[81], 88세(미수, 米壽), 90세
(졸수, 卒壽, 구순, 九旬), 91세(망백, 望百), 99세(백수, 白壽), 100세(상수, 上壽,
기이, 期頤) 등이 있다. 향년(享年)은 한평생 살아 누린 나이, 즉 죽을 때 나이
를 말할 때 쓴다.

## 법률·법령·법규

### 법률(法律)
국가의 강제력을 수반하는 사회 규범. 국가 및 공공 기관이 제정한 법률, 명령,
규칙, 조례 등이다.
>  예: 국회에서 **법률**을 제정한다(~법, ~법률 등)

### 법령(法令)
법률과 명령을 아울러 이르는 말이다. 법체계에서 국회 제정법인 법률과 행
정부(대통령, 총리, 장관 등) 제정법인 명령을 아우르는 말이다. 법률, 시행령,
시행규칙 등이 있다.
>  예: 이번에 개정된 **법령**은 내년부터 적용된다.

### 법규(法規)
국민의 권리와 의무에 관계 있는 법 규범. 또는 추상적 의미를 가지는 법 규범
으로서 구체적 의미를 가지는 행정 행위나 판결에 대립되는 개념으로서의 법
규범을 의미한다.
>  ✍ 법률은 어떤 의미에서는 법규와 같은 말이다.
>  예: 교통**법규** 위반자에게 범칙금을 징수한다.

---

81)  할머니를 '할망구'라고 부르는 것도 이 81세를 뜻하는 '망구(구십을 바라본다는 의미)'에서 왔다.

# 벼락·번개·천둥·우레

## 벼락

공중의 전기와 땅 위의 물체에 흐르는 전기 사이에 방전작용으로 일어나는 자연 현상을 말한다. 몹시 심하게 하는 꾸지람이나 나무람을 비유적으로 이르는 말이다. 또 매우 빠름을 비유하는 말이기도 하다.

예: 고목에 **벼락**이 떨어지다. 아버지의 **벼락**을 조용히 기다렸다.

## 번개

구름과 구름, 구름과 대지 사이에서 공중 전기의 방전이 일어나 번쩍이는 불꽃을 말한다. 또 동작이 아주 빠르고 날랜 사람이나 사물을 비유적으로 일컫기도 한다.

예: **번개**가 지붕 위로 내리꽂혔다.

## 천둥 / 우레

뇌성과 번개를 동반하는 대기 중의 방전현상을 말한다.

➡ 천둥 / 우레는 뇌성(천둥소리)과 번개를 포함하는 낱말이고, 번개는 하늘에서 일어나는 불꽃이며, 벼락은 하늘에서 일어난 불꽃인 번개가 땅에 떨어진 것을 말한다.

# 벽·담·울

## 벽(壁)

집이나 방 따위를 단단하게 둘러막은 수직 건조물을 말한다. 극복하기 어려운 한계나 장애를 비유적으로 말하기도 한다.

🖊 벽담은 건물의 벽에 붙은 담을 말하고 담벽(담벼락)은 담이나 벽의
표면을 말한다

## 담

집이나 일정한 공간을 둘러막기 위하여 흙, 돌, 벽돌 따위로 쌓아 올린 것을 말한다.

예: 옆집 **담** 너머에 감나무가 있다.

## 울(울타리)

담 대신에 풀이나 나무 따위를 얽거나 엮어서 경계를 지어 막은 것을 말한다.

예: 울 너머로 강을 내다보았다.

# 변장·가장·위장

## 변장(變裝)

본래의 모습과 다르게 보이기 위해 옷차림이나 얼굴, 머리 모양 따위를 바꾸는 것을 말한다.

예: **변장**을 했더니 아무도 몰라본다.

## 가장(假裝)

어떤 태도나 상황 등을 거짓으로 꾸밈을 말한다. 또 얼굴이나 옷차림 따위를 다른 모습으로 꾸미는 것을 말한다.

예: 손님으로 **가장**한 강도.

예: 탈옥수는 경찰로 **가장**하고 검문소를 통과하였다.

### 위장(僞裝)

본래의 정체나 모습이 드러나지 않도록 거짓으로 꾸밈. 또 그런 수단이나 방법을 말한다.

예: 적진으로 침투하기 전 군인들이 **위장**을 한다.

## 병원·의원

### 병원(病院)

병자(病者)를 진찰, 치료하는 데에 필요한 설비를 갖추어 놓은 곳을 말한다. 30명 이상의 환자를 수용할 수 있는 시설을 갖춘 의료 기관. 의원보다 규모가 크다.

✎ 병원은 30병상 이상, 100병상 미만의 시설을 갖추고 주로 입원환자에 대하여 의료를 행할 목적으로 개설하는 의료기관을 말한다. 종합병원은 100병상 이상이고, 상급종합 병원[82]은 500병상 또는 700병상 이상 등 의료법으로 별도 규정하고 있다.

### 의원(醫院)

진료시설을 갖추고 주로 외래 환자를 대상으로 의사가 의료행위를 하는 곳을 말한다. 병원보다 시설 등의 규모가 작다.

✎ 일반적으로 병상 수가 30개 미만의 의료기관을 말한다.

---

82) 의료급여법에서 규정하는 제3차 의료급여기관에 해당한다. 의료법에서는 보건복지부 장관이 중증질환에 대하여 난이도가 높은 의료행위를 전문적으로 행하는 종합병원 가운데 소정의 요건을 갖춘 곳을 상급종합병원으로 지정할 수 있도록 규정하고 있다. 기준으로는 진료기능, 교육기능, 인력·시설·장비, 질병군별 환자의 구성 비율, 의료서비스 수준, 진료권역별 소요 병상 충족도 등으로 구분하여, 3년마다 평가한다.

## 보신탕·영양탕·사철탕

### 보신탕(補身湯)

허약한 몸에 영양을 보충해 주는 국을 말한다. 또 그런 개장국을 이르는 말이다. 개장국은 개고기에 여러 가지 양념, 채소와 함께 고아 끓인 국이다.

### 영양탕(營養湯)·사철탕(四철湯)

개장국을 완곡하게 이르는 말이다.

✒ 1988년 서울 올림픽 당시 국제적인 상황을 고려, 정부에서 보신탕집을 단속하게 되자 영양탕, 사철탕, 보양탕이라는 말까지 생겨났다.

## 보전·보존

### 보전(保全)

온전하게 보호하여 유지함을 말한다.

　　예: 대한사람 대한으로 길이 **보전**하세.

　　예: 문화유적이 잘 **보전**되다. / 예: 생태계 **보전**, 환경**보전** 등.

### 보존(保存)

잘 보호하고 간수하여 남김을 말한다.

　　예: 이 유적은 **보존** 상태가 양호하다. / 예: 우리 문화의 **보존**에 힘쓰다.

　　예: **보존** 창고, 유물 **보존**, 종족 **보존**, 공문서 **보존** 기간 등.

# 복사·복제·모조

### 복사(複寫)

원본을 베낌. 종이를 포개고 그 사이사이에 복사지를 받쳐서 한꺼번에 여러 장을 쓸 때도 사용하는 표현이다. 또는 문서나 그림, 사진 따위를 복사기를 이용하여 같은 크기로, 또는 확대, 축소하여 만드는 것을 말한다.

예: 서류를 **복사**하다.

### 복제(複製)

본래의 것과 똑같은 것을 만듦. 또는 그렇게 만든 것을 말한다. 원래의 저작물을 재생하여 표현하는 모든 행위. 저작권의 침해이다.

예: 검찰이 불법 **복제품**을 압수했다.

### 모조(模造)

가방이나 시계 등 어떤 물건을 그와 똑같이 모방하여 만듦. 또는 이미 있는 것을 그대로 따라 하거나 본떠서 만드는 것을 말한다.

예: 보석을 감식한 결과 **모조**임이 밝혀졌다.

➔ 복제가 법률용어로 쓰일 때에는 원저작물을 재생하거나 표현하는 모든 행위로 저작권의 침해가 되는 것을 가리킨다.

# 복사뼈 · 복숭아뼈

### 복사뼈
발목 부근에 안팎으로 둥글게 나온 뼈를 말한다.

> 예: 통상 **복사뼈**를 복숭아뼈라고도 한다.

### 복숭아뼈
발목 부근에 안팎으로 둥글게 나온 **뼈**를 말한다. 과거에는 비표준어였으나, 2011년 표준어로 등재되었다.

> 예: **복숭아뼈**에 금이 갔다.

# 봉숭아 · 봉선화 · 봉숭화

### 봉숭아, 봉선화
봉선화과의 한해살이 화초를 말한다. 봉숭아, 봉선화, 봉숭화 등 여러 가지 이름으로 불리고 있으나 봉숭아, 봉선화가 표준말이다.

> 예: **봉선화**의 색깔은 붉거나 분홍색이다.

### 봉숭화
봉선화의 비표준어다.

# 부문 · 부분

### 부문(部門)
일정한 기준에 따라 분류하거나, 나누어 놓은 낱낱의 범위나 부분을 말한다.

> 예: 학문은 인문, 사회, 자연 등 세 **부문**으로 나누다.
> 예: 이번 음악 경연 대회의 색소폰 **부문**에서 입상하였다.

### 부분(部分)

전체의 일부를 말한다.

> 예: 논문작성 시 결론 **부분**은 매우 중요하다.

> 예: 사과의 썩은 **부분**을 잘라내었다.

## 부의·부조·조의·조위

### 부의(賻儀)

상을 치르는 데 도와준다는 의미로 내는 돈이나 물건을 말한다.

### 부조(扶助)

경조사 등에서 돈이나 물건을 보내서 돕는 것을 의미한다.

✎ 결혼식에도 부조를 한다.

### 조의(弔意)

남의 죽음을 슬퍼한다는 의미다.

✎ 조의금은 남의 죽음을 슬퍼한다는 의미로 내는 돈이다.

### 조위(弔慰)

죽은 사람을 조문하고 유가족에 위문하는 것을 말한다.

✎ 조위금은 죽은 사람을 조문하고 위문하면서 내는 돈이다.

## 불법·부정

### 불법(不法)

법에 어긋남을 말한다.

예: **불법**주차로 과태료를 물었다.

### 부정(不正)

올바르지 아니하거나 옳지 못함을 말한다.

예: 문제 풀이 중 **부정**행위를 하다.

➡ 남녀의 불륜행위 등을 말할 때는 부정(不貞)이다. 무당이 굿을 하기 전 부정한 것을 깨끗이 한다고 할 때는 부정(不淨)이며, '아니오'를 의미할 때는 부정(否定)이다.

## 불평·불만

### 불평(不平)

마음에 들지 아니하여 못마땅하게 여김. 또는 못마땅한 것을 말이나 행동으로 드러냄을 뜻한다. 또 마음이 편하지 아니함을 말하며, 병으로 몸이 불편함을 뜻하기도 한다.

예: 난방이 되지 않아 학생들이 **불평**을 한다.

### 불만(不滿)

마음에 흡족하지 않음을 뜻한다.

예: **불만**이 있더라도 참고 기다려주세요.

## 비교·대조

### 비교(比較)

둘 이상의 사물을 견주어서 서로 간의 유사점과 차이점, 일반 법칙 따위를 고찰하는 일을 말한다. 헤르바르트학파의 교수 단계의 하나. 철학에서 둘 또는 그 이상의 사물이나 현상을 견주어 서로 간의 유사점과 공통점, 차이점 따위를 밝히는 일을 일컫기도 한다.

> 예: 타 회사의 제품과 **비교**를 한다.
> 예: 국산품의 성능을 외제와 **비교**하다.

### 대조(對照)

둘 이상의 대상을 서로 맞대어, 같고 다름을 살펴봄을 말한다.

> 예: 원본과 **대조**하여 다른 것을 찾아내다. 둘의 성격이 **대조**가 된다.
> 예: 설명의 방법으로는 정의, 예시, 비교와 **대조**, 분류와 구분 등이 있다.

## 비리·비위

### 비리(非理)

올바른 이치나 도리에서 어그러짐. 또는 도덕이나 법에 어긋나 사회적으로 용납하기 어려운 일을 말한다.

> 예: 공무원이 **비리** 행위로 감찰조사를 받았다.

### 비위(非違)

법에 어긋남이나 그러한 일을 가리킨다.

> 예: 공무원이 **비위**행위로 징역형을 받았다.

➡ 비위가 실정법 위반이라면, 비리는 도덕과 규범을 위반하는 경우에 쓰인다.

# 비어 · 속어 · 은어

## 비어(卑語)

점잖지 못하고 천한 말. 또는 대상을 낮추거나 낮잡는 뜻으로 이르는 말이다.

✍ 군바리는 군인의 비어다. 상판때기, 또라이, 꼴통 등도 있다.

## 속어(俗語)

통속적으로 쓰는 저속한 말. 점잖지 못하고 상스러운 말을 뜻한다. 일반대중에게 널리 통용되면서도 정통어법에서 벗어난 비속한 언어를 말하는데, 삥땅(횡령), 공갈(거짓말) 등이 해당된다.

예: 그런 **속어**는 듣기조차 꼴사나웠다.

## 은어(隱語)

어떤 계층이나 부류의 사람들이 다른 사람들이 알아듣지 못하도록 자기네 구성원들끼리만 빈번하게 사용하는 말을 뜻한다. 상인, 학생, 군인, 노름꾼, 부랑뱅이 따위의 각종 집단에 따라 다른데, 의태어·의성어·전도어·생략어·수식어 따위로 나눌 수 있다. 금사빠, 짭새, 안물안궁 등이 있다.

예: 청소년들이 사용하는 **은어**를 못 알아듣는다.

# 빈소·분향소

## 빈소(殯所)

상여가 나갈 때까지 관을 놓아두는 방을 말한다. 통상 관을 병풍으로 가리고 상주가 조문객들에게 조문을 받는 곳이다.

예: 선생님의 자택 **빈소**에 문상을 갔다.

## 분향소(焚香所)

향을 피우고 고인의 명복을 빌 수 있도록 마련한 곳을 말한다. 빈소는 관이 있는 곳이므로 한 곳이지만, 분향소는 여러 곳일 수 있다.

예: 서울, 부산 등 전국 각지의 **분향소**에는 추모객의 발길이 이어졌다.

人

시옷

# 사 : 의사(師)·변호사(士)·판사(事)·대사(使)

## 師(스승)[83]

師(사)는 스승을 말한다. 도제[84]시스템 속에서 스승으로부터 배우면서 기술과 이론을 습득하는 직종에 '師(스승)' 자를 붙인다.

✎ 의사, 간호사, 약사, 목사, 교사, 사진사, 요리사, 이발사[85] 등이 해당된다.

## 士(선비)

士(사)는 선비를 뜻한다. 어떤 분야의 전문직업인에게 '士(선비)' 자를 붙인다.

✎ 조종사, 변호사, 회계사, 중개사, 운전사, 세무사 등이 해당된다.

## 事(일)

事(사)는 일을 뜻한다. 국가에서 임명하는 공무원의 직책에 '事(일)' 자를 붙인다. 영사는 대사, 공사와 달리 본국의 무역 통상의 이익을 도모하며 자국민의 보호를 담당하는 공무원으로서 領事(영사)라고 쓴다.

✎ 판사, 검사, 형사, 도지사, 영사 등이 해당된다.

## 使(하여금, 누구를 시키어)

한 국가의 사신(使臣)으로 임무를 수행하는 자, 즉 국가의 원수와 그 권위를 대표하는 자에게 붙인다.

✎ 대사, 공사, 특사 등이 해당된다.

---

83) 강사의 경우 청중 앞에서 강연하는 사람은 '講士'이지만 학교에서 수업을 가르치는 사람은 '講師'라 한다. 의료법 제정 시 일부 의사들이 "한의사는 '師'가 아닌 '士'를 써야 한다"라는 주장에 대해 토론 끝에 결국 '師'를 쓸 수 있었던 일화에서 알 수 있듯, 전문직에서는 '師'를 선호하는 것을 알 수 있다. 간호사는 '師'를 쓰고 간호조무사는 '士'를 쓰는 것도 같은 맥락으로 볼 수 있다.

84) 도제는 스승으로부터 가르침을 받거나 받은 사람. 또는 직업에 필요한 지식, 기능을 배우기 위하여 스승의 밑에서 일하는 사람을 일컫는다.

85) 서양에서는 이발사가 외과의사나 욕탕업을 겸하던 사람이었다. 오늘날 이발관을 표시하는 간판이 빨강, 파랑, 흰색의 표시등(동맥, 정맥, 붕대를 뜻함)으로 되어 있는 것도 이발사가 외과의사를 겸하고 있었던 데서 유래된 것이다. 따라서 이발사가 '師' 자를 사용한 것도 여기에서 연유했다.

# 사람·인간

## 사람(人)

생각을 하고 언어를 사용하며, 도구를 만들어 쓰고 사회를 이루어 사는 동물. 또는 어떤 지역이나 시기에 태어나거나 살고 있거나 살았던 자를 말한다. 일정한 자격이나 품격을 갖춘 이. 또는 인격에서 드러나는 됨됨이나 성질을 말하기도 한다. 상대편에게 자기 자신을 엄연한 인격체로서 가리키는 말. 또는 친근한 상대편을 가리키거나 부를 때 사용하는 말을 말한다. 자기 외의 남을 막연하게 이르는 말. 뛰어난 인재나 인물. 어떤 일을 시키거나 심부름을 할 일꾼이나 인원 등을 말하기도 한다.

> 예: **사람**은 만물의 영장이다. / 예: 미국**사람**, 고려**사람**, 동양**사람**, 서울**사람** 등.
> 예: 훌륭한 **사람**이 리더가 되어야. / 예: 그 **사람** 참 괜찮아. 예의가 바르고.

## 인간(人間)

생각을 하고 언어를 사용하며, 도구를 만들어 쓰고 사회를 이루어 사는 동물로 사람과 같은 말이다. 또 사람이 사는 세상. 또는 마음에 달갑지 않거나 마땅치 않은 사람을 낮잡아 이르는 말이다.

> 예: **인간**의 본성은 선하다. / 예: 천사가 **인간** 세상에 내려오다.
> 예: 그 **인간**하고는 상대도 하기 싫다.

# 사모·부인

## 사모(師母)

스승의 부인을 높여 부르거나 이르는 말. 또는 남의 부인을 이르는 말. 윗사람의 부인을 높여 이르는 말이다.

> ✐ 사모님의 본래 뜻이 변질되어 회사의 사장 부인, 중년 여인, 결혼한 여성 등에 대한 일반적인 호칭으로 남용 되고 있다.

### 부인(夫人)

남의 아내를 높여 이르는 말. 또는 예전에, 사대부 집안의 남자가 자기 아내를 이르던 말이다.

✎ 남의 아내를 부인이라 하지 않고 대부인이라고 하면, 남의 어머니를 일컫게 된다.

## 사부(師父)·사부(師夫)

### 사부(師父)

스승을 높여 이르는 말이다. 스승과 아버지를 아울러 이르는 말이기도 하다.

예: 나는 **사부**에게 삼십 년간 무술을 배웠다.

### 사부(師夫)

스승의 남편을 말한다.

➡ 멀리 떠난 남편을 그리워하는 부인은 思婦이고, 죽은 남편은 死夫다. 남편 있는 여자가 남몰래 관계하는 남자는 私夫이며, 스승은 師父이다.

## 사실·진실

### 사실(事實)

실제로 있었던 일이나 현재에 있는 일. 또는 ('사실은' 꼴로 쓰여) 겉으로 드러나지 아니한 일을 솔직하게 말할 때 쓰는 말을 일컫는다. ('사실 말이지' 꼴로 쓰여) 자신의 말이 옳다고 강조할 때 쓰는 말이기도 하다. 부사로 사용되어 '실지에 있어서'의 의미도 있다.

예: 어제 일을 **사실**대로 말했다.

예: **사실**은, 내가 모든 것을 뒤에서 꾸민 일이었어!

예: **사실** 말이지, 불평불만 없는 사람이 어디 있어?

예: 말은 안 했지만, **사실** 나는 그를 사랑한다.

### 진실(眞實)

어떤 일의 감추어진 본질적인 것의 실체. 즉 거짓이 없는 사실을 뜻한다.

예: 앞집에서 불이 난 것은 사실이다. **진실**은 보험금을 타기 위한 자작
극이었다.

# 사용·이용

### 사용(使用)

일정한 목적이나 기능에 맞게 쓰는 일. 또는 사람을 다루어 이용함을 뜻한다.

예: **사용**계획, **사용**금지, **사용** 기간, **사용**기술, **사용**방법 등

### 이용(利用)

대상을 필요에 따라 이롭게 씀. 또는 다른 사람이나 대상을 자신의 이익을
채우기 위한 방편으로 씀을 일컫는다.

예: 빈 병을 **이용**하여 화단 울타리를 만들다.

예: **이용** 가치가 높은 사람이다.

# 사양·사향

### 사양(斜陽)

저녁때의 햇빛. 또는 저녁때의 저무는 해를 말한다. 또 새로운 것에 밀려 점점
몰락해 감을 비유적으로 이르는 말이다.

✎ 사향산업은 사회, 경제, 기술의 혁신 등으로 형세변화에 대응하지
못하고 쇠퇴하여 가는 산업을 말한다.

### 사향(死向)

쇠락해가는 이미지를 강조하기 위해 '死'와 '向'을 붙여, 죽음으로 향하는 산업이라는 의미로 사향산업으로 쓰는 경우가 있는데, 본래는 사양(斜陽)산업이 올바른 표현이다.

## 삼림·산림

### 삼림(森林)

나무가 많이 우거진 수풀을 말한다.

> 예: 백두산은 **삼림**이 무성하다.

### 산림(山林)

산에 있는 숲을 말한다.

> 예: **산림**을 가꾸고 보호하자.

➡ 산림은 숲이 **빽빽**할 수도 있고 듬성듬성 날 수도 있지만, 삼림은 **빽빽**한 수풀을 뜻한다.

## 삼수갑산·산수갑산

### 삼수갑산(三水甲山)

조선 시대 함경도의 삼수와 갑산지방을 말한다. 우리나라에서 가장 험한 산골이라 이르던 곳이다. 이 지역은 대륙성 기후로 겨울에는 평균 영하 20도 정도가 되고, 교통이 불편한 오지여서 조선 시대 귀양지였다. 이러한 연유로 "삼수갑산 간다."라고 하면 매우 힘들고 험난한 곳으로 가거나, 어려운 지경에 놓이게 된다는 뜻을 나타내게 되었다.

> 예: 잘해야 **삼수갑산**!

### 산수갑산(山水甲山)

산과 물이라는 뜻으로 경치를 이르는 '산수(山水)'라는 말에 익숙하여서인지 산수갑산으로 흔히 표현하나, 삼수갑산이 올바른 표현이다.

## 상온·실온

### 상온(常溫)

늘 일정한 온도. 또는 일 년 동안의 기온을 평균한 온도를 말한다. 가열하거나 냉각하지 않은 그대로의 기온을 일컫기도 한다. 보통 15℃를 가리킨다.

　　예: 이 음식은 **상온**에서 보관해 주세요.

### 실온(室溫)

방안의 온도를 말한다. 대략 21~23℃의 온도를 말한다.

　✐ 식품공전[86]에서는 표준온도는 20℃, 상온은 15~25℃, 실온은 1~35℃로 본다.

➡ HACCP[87] 기준, 냉장은 0도~10℃이며, 냉동은 영하 18℃ 이하로 규정하고 있다. 냉소는 1~15℃의 곳, 냉수는약 15℃ 이하, 미온수는 30~40℃, 온수는 60~70℃, 끓는 물은 약 100℃이다.

---

86)　식품 일반에 대한 공통기준 및 규격, 그 밖에 식품 위생법에서 정하고 있는 표시 기준에 따른 식품 따위의 표시기준을 수록한 공정서를 말한다.
87)　HACCP은 안전관리인증기준을 말한다.

# 새벽·아침·오전

### 새벽
먼동이 트려 할 무렵. 이른 아침을 말한다.
> 예: **새벽**에 신문 배달을 한다.

### 아침
날이 새면서 오전 반나절쯤까지의 동안. 또는 오전 반나절쯤까지의 동안에 먹는 음식이나 먹는 일을 말한다.
> 예: 나는 **아침**마다 화장실에 간다.
> 예: **아침**으로 고구마와 우유를 먹는다.

### 오전
밤 열두 시에서 낮 열두 시까지의 12시간 동안. 또는 해가 뜰 때부터 정오까지의 시간을 말한다.
> 예: **오전**에 운동하는 것보다는 오후에 하는 것이 좋다.

# 서자·얼자·적자

### 서자(庶子)
양반과 양민 여성의 첩 사이에서 낳은 아들을 말한다.
> 예: 홍길동은 **서자**로 태어났다.

### 얼자(孽子)
양반과 천민 여성 첩 사이에서 낳은 아들을 말한다.
> 예: 조선 시대에 서자와 **얼자**는 양반이 되지 못했다.

### 적자(嫡子)

정실이 낳은 아들을 말한다.

> 예: 왕의 **적자**에게 왕권을 물려주다.

## 선영·선영하

### 선영(先塋)

조상의 무덤, 또는 그 근처의 땅을 말한다.

> 🖉 종전에는 조상의 무덤을 뜻하였다. 종전에는 '선영'의 잘못된 사용
> 례에 대한 지적이 있었으나, 2014년 국립국어원의 수정으로 '선영'의
> 뜻은 조상의 무덤과 그 근처에 있는 땅까지 포함하는 의미로 규정
> 하였다. 따라서 선영은 선산의 의미도 있다.

### 선영하(先塋下)

선영의 아래쪽, 조상의 무덤 아래쪽을 뜻한다.

## 성대모사·성대묘사

### 성대모사(聲帶模寫)

다른 사람의 목소리나 새, 짐승 따위의 소리를 흉내 내는 일을 비유적으로
이르는 말을 말한다.

> 예: 그 사람은 역대 대통령 **성대모사**를 잘한다.

### 성대묘사(聲帶描寫)

어떤 대상이나 사물을 언어로 서술하거나 그림을 그려서 표현하는, 묘사(描寫)
라는 말에 익숙하여 성대묘사로 말하기도 한다. 성대모사가 바른 표현이다.

## 세미나·심포지엄·컨퍼런스

### 세미나(seminar)
상호 간의 토의를 통하여 학문, 기술 등 특정 주제에 대하여 깊게 알아가는 교육방법이다. 의문점을 깊이 있게 추구함으로써 연구자로서의 자질을 향상시키는 데 목적이 있다.
　✎ 전문인 등이 특정한 주제로 행하는 연수회나 강습회를 말하기도 한다.

### 심포지엄(symposium)
두 명 이상의 전문가가 한 가지 주제를 가지고 다른 각도에서 자료를 준비하여 강연을 한 다음, 참석한 사람들과 문답을 하는 집단 토론회를 뜻한다.

### 콘퍼런스(conference)
학술에 관련된 내용이나 사업 등 공통의 전문적인 주제를 가지고 비교적 긴 시간(여러 날)에 걸쳐 열리는 대규모 회의를 뜻한다.

　➡ 회의의 방법으로 워크숍(Workshop), 포럼(Forum), 버즈세션(Buzz session), 패널토의(Panel discussion) 등이 있다.

# 소쿠리·광주리·바구니

### 소쿠리

대나 싸리로 엮어 테가 있게 만든 그릇을 말한다. 바닥이 둥근 반구형이 특징이다.

> 예: **소쿠리**에 과일을 가득 담았다.

### 광주리

대나 싸리, 버들 따위를 재료로 하여 바닥은 둥글고 촘촘하게 엮어 만든 그릇을 말한다. 바닥이 평평하게 된 것이 특징이다. 일반적으로 바닥보다 위쪽이 더 벌어졌다.

> 예: 옥수수가 **광주리**에 담겨 있다.

### 바구니

대나 싸리 따위를 쪼개어 둥글게 어긋매끼게 엮어 깊숙하게 만든 그릇을 말한다. 테두리에 대나무를 서너 겹 둘러 손잡이가 달린 형태도 있다.

> 예: **바구니**를 들고 시장에 간다.

# 소하물·소화물·수하물·수화물

## 소하물(小荷物, こにもつ)

교통편에 손쉽게 부칠 수 있는 작고 가벼운 짐을 말한다.

✎ 소하물은 일본말 '고니모쯔(小荷物, こにもつ)'에서 나온 말이다. 수
하물(手荷物)과 같은 말이며, 순화어는 '잔짐'이다.

## 소화물(小貨物)

여객열차로 신속히 운송되는, 수하물 이외의 작고 가벼운 짐을 말한다. 소
하물은 일제 시대부터 써 온 말이고, 소화물은 우리식 한자말이다.

✎ 소화물의 반대말은 대화물(大貨物)이며, 영어로는 'Package'의 의
미이다.

## 수하물(手荷物)

손에 간편하게 들고 다닐 수 있는 짐. 또는 교통편에 손쉽게 부칠 수 있는
작고 가벼운 짐을 말한다. 유의어로 손짐은 손에 간편하게 들고 다닐 수 있는
짐을 뜻하고, 잔짐은 교통편에 부칠 수 있는 작고 가벼운 짐을 말한다. 영어
로는 'baggage', 'luggage'의 의미이다.

## 수화물(手貨物)

손에 간편하게 들고 다닐 수 있는 짐을 말한다. 수하물과 동의어이다.

# 손톱깎이 · 손톱깎기

## 손톱깎이[88]

손톱을 자르는 도구를 말한다.

예: **손톱깎이**로 손톱을 깎다.

## 손톱 깎기

손톱을 깎는 행위를 명사형으로 나타내는 경우 손톱(을) 깎기로 표현한다.

   ✎ 손톱깎이, 손톱깎기, 손톱깍이 등으로 혼용하고 있으나, 손톱을 깎는 도구로 말할 때는 손톱깎이이다.

# 세뇌 · 쇠뇌

## 세뇌(洗腦)

사람이 본래 가지고 있던 의식을 다른 방향으로 바꾸게 하거나, 특정한 사상 · 주의를 따르도록 뇌리에 주입하는 일을 말한다.

예: 북한에서는 주체사상으로 **세뇌**교육을 한다.

## 쇠뇌

쇠로 된 발사 장치가 달린 활. 여러 개의 화살을 연달아 쏘게 되어 있는 활의 일종이다.

예: **쇠뇌**를 활용하여 외적을 물리쳤다.

---

88) '깎이'는 '깎다'라는 말의 어간에 사람, 사물, 일의 뜻을 더하는 접사 '-이'가 붙어 때밀이, 구두닦이, 젖먹이, 목걸이, 감옥살이와 같이 쓰인다. 이름이나 그림 의성어, 의태어에 붙어 절름발이, 애꾸눈이, 멍청이, 똑똑이, 딸랑이, 짝짝이 등 사람이나 사물을 나타내기도 한다. 사람이나 물건, 일 따위에는 '-이'가 붙고, 쓰레받기, 흙받기와 같이 어떤 행위에는 '-기'가 붙는다.

# 수사 · 조사

## 수사(搜査)

찾아서 조사함을 말한다. 범죄 혐의 유무를 명백히 하고 공소[89]의 제기와 유지 여부를 결정하기 위하여 범인을 찾거나 확보하고 증거를 수집·보전하는 수사 기관의 활동을 말한다.

예: 경찰이나 검찰에서 **수사**를 한다.

## 조사(調査)

어떤 일이나 사물의 내용을 명확히 하기 위하여 자세히 살펴보는 것을 말한다.

✐ 환경단체에서 생태계 조사 등 수사기관이 아니어도 조사는 할 수 있다.

---

89) 특정 형사사건에 대하여 검사가 법원에 재판을 청구하는 것. 또 '그런 일'을 말한다. '기소'와 같은 말이다.

# 수색·정찰·감시

## 수색(搜索)

구석구석 뒤지어 찾는 것을 말한다. 군사에서는 육안관측이나 기타 탐지방법으로 현재 또는 예상되는 적의 활동과 자원에 관한 첩보를 획득하거나 특정 지역의 기상, 수로, 지리적 특성에 관한 제원을 획득하기 위하여 실시하는 작전활동[90] 또는 임무를 말한다.

예: 간첩이 침투하여 전 부대가 **수색**작전을 실시한다.

## 정찰(偵察)

살펴서 알아냄을 뜻한다. 군사 분야에서는 시각관측이나 기타 탐지 방법에 의하여 적이나 잠재적인 적 활동과 자원에 관한 첩보를 입수하거나, 특정 지역의 기상 또는 지리적 특징에 관한 제원을 획득하기 위하여 실시하는 임무를 일컫기도 한다.

✎ 작전에 필요한 자료를 얻기 위해 적의 정세나 기상, 지형을 살피는
   일을 말하며 첩보수집 대상지로의 이동을 포함하는 개념이다.

## 감시(監視)[91]

단속하기 위하여 주의 깊게 살핌. 또는 사람을 단속하거나 상황을 통제하기 위하여 주의 깊게 지켜봄을 일컫는다. 정찰과 유사하나 감시는 상대적으로 고정된 위치에서의 첩보수집 활동을 의미하기도 한다.

예: 산 정상에 설치한 감시 장비를 활용하여 전방을 **감시**하고 있다.

---

90) 목표를 발견하고 획득하거나 대상자를 체포하기 위하여 인체, 건물, 기타에 대하여 행하여지는 강제처분활동을 포함한다.
91) 군사에서 감시는 시각, 청각, 전자, 사진 또는 기타 수단들을 이용하여 공중·지상 또는 지하의 장소, 사람 혹은 사물들을 체계적으로 관측하는 것을 말한다.

# 순식간·삽시간·별안간

**순식간(瞬息間)**[92]
눈을 한 번 깜박이거나 숨을 한 번 쉴 만한 아주 짧은 동안을 말한다.
예: 사고가 **순식간**에 발생하였다.

**삽시간(霎時間)**
매우 짧은 시간을 말한다. '霎(삽)'은 가랑비, 잠시(暫時)를 의미한다. 즉 삽시
간은 '지나가는 비가 잠깐 내리는 동안'의 뜻으로 짧은 시간을 일컫는다.
예: 교실이 **삽시간**에 웃음바다가 되었다.

**별안간(瞥眼間)**
갑작스럽고 아주 짧은 동안을 뜻한다. 별(瞥)은 '언뜻 보다', '잠깐 보다'의 뜻
으로 별안간은 한 번 잠깐 보는 사이를 말한다.
예: 뒤에서 **별안간** 부서지는 소리가 났다.

➡ 짧은 시간은 잠시(暫時)와 순간(瞬間)으로도 표현한다.

---

92) 시간과 관련하여 촌각(寸刻, 일각의 1/10을 말하므로 1분 30여 초), 일각(一刻, 15분), 찰나(刹那, 시간의 표
현 중 가장 짧은 시간으로 불교에서 유래된 말. 팽팽히 당긴 명주실을 날카로운 칼로 자르는데 드는 시간이 64
찰나. 즉 1/75초, 0.013초를 말한다.) 순간(瞬間, 눈을 한번 깜박이는 시간) 등이 있다.

# 스님·중

## 스님

승려가 자신의 스승을 이르는 말. 또는 '승려'를 높여 이르는 말을 뜻한다.

✎ '스님'의 어원에 대해서는 스승님의 준말로 보는 의견도 있고, 승려의
'승'에 '님' 자가 결합하여 스님이 되었다는 견해와 한자 사(師, 중국어
발음의 '스')와 접미사 '-님'이 결합하여 만들어진 말이라는 견해가
있다.

## 중

출가하여 절에서 살면서 불도를 닦고 실천하며 포교하는 사람. 본래는 그런
단체를 이르던 말이다. 근래에는 스님을 비하하는 말로 사용되기도 하나, 승
려나 스님의 호칭이 일반화 되어있다.

# 市(시) · 市(불)

## 시(市)

저자[93] 시(市) 자로, 시는 도시를 중심으로 하는 지방 행정구역의 하나. 또는 시의 행정 사무를 맡아보는 기관, 또는 그 청사를 말한다.

✎ 시(市) 자는 머리 두(亠) 자 아래에 수건 건(巾) 자를 사용하여, 총 5획이다.

## 불(市)

슬갑[94] 불(市) 자로, 슬갑은 추위를 막기 위하여 바지 위에다 무릎까지 내려오게 껴입는 옷을 말한다.

✎ 불(市) 자는 한 일(一)과 수건 건(巾) 자로 이루어져 총 4획이다.

➡ 市(시)와 市(불)은 글자의 모양이 비슷하지만, 전혀 다른 글자이므로 주의, 구분하여 사용해야 한다. 패수(沛水)[95]라고 할 때 沛 자에서 삼 수를 빼면 저자 市(시)가 아니고, 앞치마(슬갑) 市(불) 자가 된다. 肺炎(폐렴, 폐염)이라고 할 때의 肺 자의 오른쪽 부분의 聲符(성부)도 저자 市가 아니라 앞치마(슬갑) 市(불) 자이다. 姉(손윗누이 자)나 柿(감나무 시)의 경우는 오른쪽 성부가 슬갑 불이 아니라 市(저자 시)이다.

---

93) '저자(marketplace)'는 시장이나 장터. 또는 물건을 파는 가게. 고대 세계에서 저자는 행정관청이 있는 성읍의 중심지를 말하며, 사람이 많이 모이는 장소를 뜻한다.

94) 슬갑(膝甲)은 겨울에 추위를 막기 위하여 바지 위에다 무릎까지 내려오게 껴입는 옷. 앞쪽에 끈을 달아 허리띠에 걸쳐 맨다.

95) 비 쏟아질 '패'. 늪 '패' 자로 패는 비가 쏟아지다. 내리다. 물리치다. 넘어지다. 늪. 습지 등을 의미한다.

# 視(시)·示(시)

## 시(視)

볼 시(視)자는 '보다'의 뜻으로 눈으로 대상의 존재나 형태적 특징을 알다. 또는 책이나 신문 따위를 읽는다는 의미로 쓰인다. 이 시(視)는 보여주는 쪽의 처지가 아니라 보는 쪽의 처지이다.

  *시찰(視察)은 윗사람이 두루 돌아다니며 실지(實地)의 사정을 살피는 것이며, 감시(監視)는 단속하기 위하여 주의 깊게 살펴보는 것을 말한다.
    예: 대통령이 지방도시를 순시(巡視)한다.

## 시(示)

보일 시(示) 자는 '보이다'의 뜻으로 눈으로 대상의 존재나 형태적 특징을 알게 되다. 대상의 내용이나 상태가 짐작되다. '보다'의 피동사이다. 어떤 주체의 입장에서 무언가를 드러내 보이는 것을 뜻한다.

  *제시(提示)는 어떠한 의사를 말이나 글로 나타내어 보임을 뜻하고, 전시(展示)는 여러 가지 물품을 한곳에 벌여 놓고 보이는 것이며, 시위(示威)는 집단의 위력이나 기세를 떨쳐 보이는 것을 말한다.
    예: 미술 작품을 전시(展示)하였다.

➡ 정부가 정책을 널리 알리려면 고시(告視)가 아닌 고시(告示)로 써야 한다.

# 시건장치·잠금장치

## 시건장치(施鍵裝置)

문 따위를 잠그는 장치를 말한다. 시건은 원래 일본어로 시정(施錠)이라고 한다. 자물쇠를 설치하다는 뜻으로 우리나라에 유입되면서 자물쇠 '정(錠)' 대신에 열쇠 '건(鍵)'을 쓴 시건은 '열쇠를 설치하다'란 뜻이 되어 본래 의도했던 잠금장치와는 반대되는 뜻을 가진 말이 되었다. 현재는 '잠금장치'로 사용한다.

예: 퇴근 시 사무실 **시건(잠금)**장치를 확인한다.

## 잠금장치(잠금裝置)

문 따위를 잠그는 장치를 말한다.

# 시각·시간

## 시각(時刻)

연속되는 시간에 어느 한 시점을 말한다. 짧은 시간을 뜻하기도 한다.

예: 버스의 출발**시각**은 11시 50분이다.

## 시간(時間)

어떤 시각에서 어떤 시각까지의 사이. 또는 시간의 어느 한 시점을 말한다. 또 어떤 행동을 할 틈. 어떤 일을 하기로 정하여진 동안. 때의 흐름 등 여러 가지 뜻이 있다. 불교에서는 색(色)과 심(心)이 합한 경계라는 의미가 있다.

✎ 시간과 시각은 쓰임에 따라 동의어로 사용한다.

예: 영화를 보면서 **시간**을 보낸다. / 예: 약속 **시간**이 지났다.

예: 밥 먹을 **시간**도 없이 바쁘다. / 예: **시간**이 해결해 줄 문제.

예: 그 **시간**(시각)에 어디 있었니?

## 시래기·우거지

### 시래기

무청이나 배춧잎을 말린 것을 말한다.

예: 말린 **시래기**는 겨울에 먹는다.


### 우거지

푸성귀[96]를 다듬을 때에 골라 놓은 겉대. 또는 김장이나 젓갈 따위의 맨 위에 덮여 있는 품질이 낮은 부분을 말한다. 우(위)와 걷이가 합쳐진 '우(위)걷이'에서 비롯됐다는 설이 있다.

✍ 사전적 정의와 관계없이, 생활 속에서는 배추의 겉잎을 삶아서 말려 놓은 것을 우거지라고 하고, 무청의 겉잎이나 무청을 삶아서 말려놓은 것을 시래기라고 구분하여 잘못 사용하는 경우가 많다.


## 시험·실험

### 시험(試驗)

재능이나 실력 등을 일정한 절차에 따라 검사하고 평가하는 일. 또는 사물의 성질이나 기능을 실지로 증험[97]하여 보는 일 등을 말한다.

✍ 시험은 기존에 정립된 일정한 절차에 따라 시험대상의 성질이나 기능을 증명하는 것을 말한다.

---

96) 밭에서 가꾸는 온갖 푸성귀를 채소. 토박이 말로는 남새라고 한다. 푸성귀는 사람이 가꾸어 기르거나 저절로 난 온갖 나물들을 뜻하고. 나물은 먹을 수 있는 풀이나 나뭇잎을 통틀어 일컫는 말이다.

97) 사실을 경험함. 시험해 본 효험 등을 말한다.

## 실험(實驗)

실제로 해봄. 또는 과학에서, 이론이나 현상을 관찰하고 측정하는 것을 말한다.

    ✎ 실험은 기존에 없었던 것을 새로운 여러 가지 방법으로 사용해오면서 관찰, 측정하여 일정한 결과나 절차를 만들기 위해 하는 것을 말한다.

    ➜ 북한 핵 관련 보도 시 우리는 핵실험이라 하고, 북한에서는 핵시험으로 보도한다. 미국에서는 시험(test)이란 단어를 사용한다.[98]

# 시골·촌

## 시골

도시에서 떨어져 있는 지역을 말한다. 도시보다 인구수가 적고 인공적인 개발이 덜 되어 자연을 접하기가 쉬운 곳을 이른다.

    예: 정년퇴직 이후 **시골**에서 농사를 짓다.

## 촌(村)

시골과 같은 말이다. 주로 시골에서, 여러 집이 모여 사는 곳을 이른다.

    ✎ 농촌, 어촌, 도예촌 등 '마을', 또는 '지역'의 뜻을 더하는 접미사로 쓰이기도 한다.

---

98)  실험은 기존에 없었던 이론이나 가설을 실제로 증명하는 것인 반면, 시험은 실험을 거쳐 검증된 결과물이 실제 환경에서 제대로 기능이 발휘되는지 확인하려고 작동하는 것이다. 시험을 하기 위해서는 실험이 선행되어야 한다. 북한은 핵 능력이 완성되었다는 것을 과시하기 위하여 '핵시험'이란 표현을 쓰고, 우리는 그것을 인정하고 싶지 않은 마음에 '핵실험'이라고 한다. 실험은 영어의 'experiment'에 해당하고 시험은 'test'이다.

# 신문·심문

## 신문(訊問)[99]

알고 있는 사실을 캐어물음. 또는 법원이나 기타 수사기관이 어떤 사건에 관하여 증인, 당사자, 피고인 등에게 말로 물어 조사하는 일을 말한다. 즉 신문대상은 조사를 받는 것이다. 묻는 주체는 주로 수사기관이다.

예: 수사관이 피의자를 **신문**하였다.

## 심문(審問)[100]

자세하게 따져서 물음. 또는 법원이 당사자나 그 밖에 이해관계에 있는 사람에게 서면이나 구두로 진술할 기회를 주는 일을 말한다. 자세하게 묻는 것을 뜻하기도 하나 심문대상은 발언의 기회를 갖기도 한다. 묻는 주체는 법원(판사)이다.

예: 구속 전 피의자 **심문**을 한다.

---

99) 보통 고소 사건에서, 고소인 측 주장과 피고소인(피의자)의 진술이 상반되는 경우, 수사기관은 대질에 붙이곤 하는데, 이때 하는 것은 '대질신문'이다.

100) '신문'은 묻고 답하는 과정이 있지만 '심문'은 판사가 일방적으로 듣기만 하는 수동적인 의미가 강하다. 질문의 목적도 '신문'은 수사과정에서 사실관계를 파악하는 것이라면 '심문'은 당사자에게 말할 기회를 주고 법적인 구제의 목적도 있다. 예를 들어 검사나 경찰이 용의자(피의자)에게 "이거 당신이 한 거지?"라고 묻는 것은 '신문'이 되고, 판사가 "할 말 있습니까?"라고 묻는 것은 '심문'이다.

## 실랑이 · 승강이

### 실랑이

남을 못살게 굴거나 시달리게 하는 것, 상대를 괴롭히는 것, 서로 자기주장을 고집하며 옥신각신하는 일을 말한다.

✎ 실랑이는 남을 못살게 굴거나 괴롭히는 일을 의미했으나 일상생활에서 두 단어(실랑이·승강이)가 구별 없이 같은 의미로 오래 쓰여 오면서, 본래의 뜻 이외의 '승강이'의 뜻도 포함하게 되었다. 이에 국립국어원에서 실랑이의 사전적 의미에 승강이의 뜻도 덧붙이게 되었다.

예: 빚쟁이들한테 **실랑이**를 받고 있다.

### 승강이(昇降이)

서로 자기가 옳다고 주장하여 옥신각신하며 우기는 것을 말한다.

예: 접촉사고로 둘이서 **승강이**를 벌이고 있다.

# 십만여 원·십여만 원

## 십만여 원(十萬餘 元) 100,001~109,999원

십만여 원에서, 만여 원은 '만 원과 그 나머지 금액'을 말한다. 따라서 그 나머지 금액은 1원부터 9천9백9십9원이 된다.

✎ 109,999원에서 1원이 추가되면 11만 원이 되므로 십만여 원은 109,999원까지다. 10만여 원과 11만 원은 구분된다.

## 십여만 원(十餘萬元) 110,000~199,999원

십여만 원에서, 여만 원은 '나머지 만 원'을 뜻한다. 일단 11만 원, 12만 원, 13만 원 등 19만여 원까지이다.

✎ 199,999원에서 1원이 추가되면 20만 원이 되므로 10여만 원은 199,999원까지다. 10여만 원과 20만 원은 구분된다.

## 싸움·다툼

### 싸움

싸우는 일을 말한다.

  예: 그는 지나가는 취객과 **싸움**이 붙었다.

  예: 마라톤은 자기 자신과의 **싸움**이다.

### 다툼

의견이나 이해의 대립으로 서로 따지며 싸우는 일. 또는 서로 승부나 우열을 겨루는 일을 말한다.

  예: 세력 **다툼**.

  예: 정치권에서 권력 **다툼**은 치열하다.

➡ 형과 동생이 장난감을 차지하기 위해 서로 다툴(싸움) 때와 같이 다툼과 싸움은 혼용되기도 한다.

## 싹수 · 싸가지

### 싹수

앞으로 일이나 사람이 잘 트일 수 있는 낌새나 징조를 말한다. '싹'이라고도
한다. 장래성이 없다는 말을 할 때 '싹수가 없다'라고 표현하기도 한다.

예: 그 사람 행동을 보니 **싹수**가 없어 보인다.

### 싸가지

싹수의 방언이다. 이 말은 식물의 '싹'과 동물의 새끼나 작은 것을 가리키는
접미사 '－아지'가 합해진 말이라는 의견과 4가지(세상을 살아가는 데 지켜야 할
4가지의 덕목으로 仁·義·禮·智를 칭하는 말)의 된소리로 '싸가지'가 유래되었다는
의견 등이 있다. 어떤 사람이나 일이 앞으로 잘 될지 안 될지를 나타내는 징조를
뜻하는 말로 사용되었으나 의미가 바뀌어 예의범절을 지키지 않는 경우 등에
주로 사용되어진다.

예: 저런 **싸가지** 없는 놈!

# 쌍팔년도·88년도

### 쌍팔년도(雙八年度)

단기 4288년인 1955년을 이르는 말로, 구식의 시대를 의미하는 말이다.

✒ 1950년대는 6·25전쟁이 끝나고 사회적으로 약탈, 횡령 등으로 혼
  란한 시대였고, 경제적으로도 매우 가난하였는데, 시간이 흐른 뒤
  가난, 독재 등 혼란의 시대였던 50년대를 가리키던 말이다.

### 88년도

서울 올림픽이 열렸던 1988년을 기준으로 한 1980년대를 이르는 말이다.
시간이 지나면서 실제 지칭하고 있는 연도는 달라졌지만 구식, 뒤떨어진 과거
등을 통칭하여 80년대를 뜻하는 말로 사용되기도 한다.

✒ 1970년대 세대는 1950년대를, 현재 세대는 1980년대를 쌍팔년도
  라 하기도 한다.

# ㅇ

이응

## 아우 · 동생

### 아우

같은 부모에게서 태어난 사이이거나 일가친척 가운데 항렬[101]이 같은 남자들 사이에서 손아랫사람을 이르는 말이다. 주로 남동생을 이를 때 쓴다.

✎ 나이가 든 남자나 친한 여자 간에 나이가 많은 사람이 적은 사람을 이르거나 부르는 말이다.

예: **아우**가 형보다 키가 크다.

### 동생

같은 부모에게서 태어난 사이이거나 일가친척 가운데 항렬이 같은 사이에서 손윗사람이 손아랫사람을 이르는 말. 또는 남남끼리의 사이에서 나이가 많은 사람이 나이가 적은 사람을 정답게 부르는 말이다.

✎ 항렬이 같은 사이에서, 손윗사람이 혼인한 손아랫사람을 이름 대신 부르는 말로 사용되기도 한다.

예: 사촌**동생**

예: 인사해! 이쪽은 우리 옆집에 사는 **동생**이야.

## 안갚음 · 앙갚음

### 안갚음

자식이 커서 부모를 봉양하는 일. 또는 까마귀 새끼가 자라서 늙은 어미에게 먹이를 물어다 주는 일을 말한다.

예: **안갚음**은 자식의 도리이다.

---

101) 같은 혈족의 직계에서 갈라져 나간 계통 사이의 대수(世代의 수효)관계를 나타내는 말이다. 형제자매 관계는 같은 항렬로 같은 돌림자를 써서 나타낸다.

## 앙갚음

남이 나에게 준 해를 그대로 그에게 해를 주는 것, 즉 보복을 의미한다. 어떤 해를 입은 수모를 풀기 위하여 상대편에게 그만한 해를 입히는 것을 말한다.

예: 너에게 당한 수모는 반드시 **앙갚음**할 거야!

# 안일·안이

### 안일(安逸)

편안하고 한가로움, 또는 편안함만을 누리려는 태도를 뜻한다.

예: **안일**과 나태에 젖은 생활

예: 그는 자기의 **안일**만을 추구한다.

### 안이(安易하다)

너무 쉽게 여기는 태도나 경향. 또는 근심이 없어 편안한 상태를 의미한다.

예: 그 문제에 **안이**하게 대처하였다.

예: 부모가 물려준 재산이 많아 그는 생활이 **안이**하다.

➡ 안일이나 안이(하다)는 모두 편안함을 추구한다는 점에서 비슷하다.

## 안전·안정(安靜)·안정(安定)

### 안전(安全)
위험이 생기거나 사고가 날 염려가 없음. 또는 그런 상태를 말한다.
>예: **안전**이 중요하다.

### 안정(安靜)
육체적 또는 정신적으로 편안하고 고요함. 또는 병을 치료하기 위하여 몸과 마음을 편안하고 고요하게 하는 것을 말한다.
>예: 마음의 **안정**을 찾았다.
>예: 환자는 절대적인 **안정**이 필요하다.

➔ 사회적, 정치적 안정을 말하거나, 바뀌어 달라지지 아니하고 일정한 상태를 유지함. 또는 중심이 물체의 바닥 한가운데에 있어서, 어떤 외부의 힘에 의하여 약간의 변화를 받기는 하여도 원래의 상태에서 벗어나지 아니하고 일정한 범위 안에 있는 상태를 말할 때는 '안정(安定)'으로 표현한다.

## 앎·깨달음

### 앎(知)
아는 일. 또는 모르던 것을 이해하게 됨을 말한다.
>예: 당신이 무엇을 할 것인지를 **알고**(知) 있다.

### 깨달음(識)
생각하고 궁리하다가 알게 되는 것을 말한다. 전에는 전혀 모르고 있던 사물의 이치, 다른 사람의 의도, 숨겨진 뜻 등을 알게 되는 것을 말한다.
>예: 진리를 **깨닫다**. 문득 **깨닫다**. 잘못을 **깨닫다**.

## 야반도주 · 야간도주 · 야밤도주

### 야반도주(夜半逃走)

남의 눈을 피하여 한밤중에 도망함을 말한다. 한밤중[102]은 밤이 깊은 때를 뜻한다.

　　예: 빚쟁이들 등쌀로 인해 **야반도주**하였다.

### 야간도주, 야밤도주

야간도주는 야반도주와 같은 뜻으로 사용되고 있다. 야밤도주는 夜(밤)와 밤을 중복하여 사용하는 말로 사전에 없는 단어이다.

　　예: 옆집 남자와 사통한 그녀는 **야간도주**를 하였다.

---

102) 밤을 시간적으로 오후 6시부터 다음 날 오전 6시로 봤을 때, 밤의 절반이 되는 자정 전후가 야반(夜半)이 된다.

# 양공·양동

## 양공(佯攻)

적을 속이기 위하여 주된 공격 방향과는 다른 쪽에서 공격하는 일을 말한다. 군사에서는 적을 기만하기 위해 적의 관심을 주공지역으로 벗어나도록 하기 위한 일종의 조공작전으로, 실제 병력과 장비를 기동시키면서 공격하는 작전이다.

✎ 6·25전쟁 당시 인천상륙작전을 개시 전, 동해안으로 양공작전을 실시했다.

## 양동(陽動)

적을 속이기 위해 주 공격방향과는 다른 방향으로 공격하는 모습을 연출하는 것이다. 양동은 적과 직접 접촉하지 않고 시행한다는 것이 양공과 차이점이다. 양공과 양동은 둘 다 기만 작전의 일환이다.

✎ 양동작전은 실제 적을 공격하지는 않는다.

# 애매·모호

## 애매(曖昧)

희미하여 분명하지 아니함. 또는 희미하여 확실하지 못함. 이것인지 저것인지 명확하지 못하여 한 개념이 다른 개념과 충분히 구별되지 못함을 뜻한다.

✎ '말이 많다'라는 문장에서, 말이 동물(馬)인지 말(言)인지, 분명하지 않을 때 '애매하다.'라는 표현을 한다.

예: 규정이 **애매**하다. / 예: 진품의 구별이 **애매**했다.

## 모호(模糊하다)

말이나 태도가 흐리터분하여 분명하지 않다는 것을 말한다.

✎ '저 사람은 부자야'라는 문장에서, 재산의 보유 정도가 얼마인지
부자의 기준이 분명하지 않을 때 '모호하다'라는 표현을 한다.

　예: 이 소문의 출처가 **모호**하다.

　예: 그의 표정이 **모호**해서 기뻐하는지 슬퍼하는지 알 수가 없다.

## 어린이·꼬마·아동

### 어린이

어린아이를 대접하거나 격식을 갖추어 이르는 말. 대개 4, 5세부터 초등학
생까지의 아이를 이른다.

　예: 전국 **어린이** 글짓기 대회

### 꼬마, 아동

어린아이를 귀엽게 이르는 말. 또는 조그마한 사물을 귀엽게 이르는 말을
뜻한다. 키가 작은 사람을 놀림조로 이르는 말로 사용되기도 한다.

　예: **꼬마**가 인형을 껴안고 잔다.

➜ 아동, 청소년, 미성년자 등에 대한 연령 적용기준이 관련법규에서 제각각이다.

## 억제·억지

### 억제(抑制)

감정이나 욕망, 충동적 행동 따위를 내리눌러서 그치게 함. 또는 정도나 한
도를 넘어서 나아가려는 것을 억눌러 그치게 하는 것을 말한다. 또 시도를 했
거나 이미 하고 있는 행위를 그치게 하는 것을 말한다.

　✎ 폭력을 행하고 있는 범인에게 공포탄을 발사하여 중단시켰다면
　　'억제'로 볼 수 있다.

## 억지(抑止)

억눌러서 못하게 함을 말한다.

✎ 무장경찰이 현장에 대기함으로써 범행을 계획했던 사람이 범행을 포기했다면 '억지'로 본다. 군사에서 억지 전략은 자신이 무력을 행사할 수 있음을 나타내면서, 적이 공격을 통하여 얻는 이익보다 보복으로 입게 되는 손해가 더 크다는 것을 깨닫게 하여, 일정한 행동을 하지 못하게 하는 전략을 말한다.

# 얼루기·얼룩

## 얼루기

얼룩얼룩한 무늬나 점 또는 그런 무늬나 점이 있는 짐승이나 물건. 또는 살갗이 두드러지지 않고 색깔만 달라지는 병으로 자색반, 색소모반, 백반 등이 있다.

예: 우리 집 강아지 **얼루기**는 하얀 털에 검은 반점이 있다.

## 얼룩

본바탕에 다른 빛깔의 점이나 줄 따위가 뚜렷하게 섞인 자국. 또는 액체 따위가 묻거나 스며들어서 더러워진 자국을 말한다.

예: 옷에 잉크가 묻어 **얼룩**이 생겼다.

# 엉덩이·궁둥이

## 엉덩이[103]

신체의 뒤쪽 허리 아래에서 허벅다리 사이의 살이 볼록한 부분을 볼기[104]라고 하는데 엉덩이는 이 볼기의 윗부분을 가리키는 말이다.

예: **엉덩이**가 무거워 행동이 느리다.

103) 유사한 말로 '방둥이'는 짐승의 엉덩이를 일컫는 말이다.
104) 한자로는 둔부(臀部)라고 한다.

## 궁둥이

볼기의 아랫부분을 말한다. 앉으면 바닥에 닿는, 근육이 많은 부분이다.

🖋 엉덩이와 궁둥이가 혼용되는 상황을 고려하여 국립국어원에서 '엉 덩이'의 뜻풀이가 볼기의 윗부분과 아랫부분을 통틀어 이르는 말 로 수정되었다.


# 에누리·담타기(덤터기)

## 에누리

물건값을 받을 값보다 더 많이 부르는 일. 또는 그 물건값을 말한다. 현재에 와서 값을 깎는 일. 실제보다 더 보태거나 깎아서 말하는 일 또는 용서하거나 사정을 보아주는 일을 일컫기도 한다.

예: **에누리**가 없는 정가(正價)이다.

예: **에누리**를 해 주셔야 다음에 또 옵니다.

예: 그의 말에 **에누리**가 섞여 있다.

예: 세상에 **에누리** 없이 사는 사람이 어디 있던가?


## 담타기(덤터기)

남에게 넘겨 씌우거나 넘겨받은 허물이나 걱정거리를 말한다. 억울한 누명 이나 오명을 일컫기도 한다.

예: 빚보증을 잘못 서는 바람에 **덤터기**를 쓰다.

예: 억울한 사람에게 **덤터기**를 씌우지 마라.

## 여닫이·미닫이

### 여닫이

문틀에 고정되어 있는 경첩이나 돌쩌귀 따위를 축으로 하여 열고 닫고 하는 방식. 또는 그런 방식의 문이나 창을 통틀어 이르는 말이다.

✎ 양주 별산대놀음의 춤사위의 하나로 여닫이문을 여는 동작에 비유한 것으로 양팔을 머리 위로 올렸다가 양옆으로 펴는 동작을 되풀이 하며 전진하는 것도 여닫이라고 한다.

### 미닫이

문이나 창 따위를 옆으로 밀어서 열고 닫는 방식. 또는 그런 방식의 문이나 창을 통틀어 이르는 말이다.

예: **미닫이**를 쌍여닫이로 바꿨다.

## 여러분·여러 분

### 여러분

듣는 이가 여러 사람일 때 그 사람들을 높여 이르는 2인칭 대명사를 일컫는다.

예: **여러분!** 반갑습니다.

### 여러 분

3인칭으로 여러 사람을 뜻한다.

예: 오늘 세미나에 **여러 분**이 오셨습니다.

# 연습(練習)·연습(演習)

## 연습(練習)

학문이나 기예 따위를 익숙하도록 되풀이 하여 익히는 것을 말한다. 영어로는 Practice, Exercise의 의미이다.

예: 골프는 많은 **연습**이 필요하다.

## 연습(演習)

실지로 하는 것처럼 행하면서 익히는 것을 말한다. 한자 演자는 '연극, 연출을 한다.'라고 할 때 사용하는 글자이다. 영어로는 Rehearsal(리허설)의 의미이다.

예: 정부에서는 군과 연계하여 매년 을지**연습**을 한다.

예: 행사 전에는 반드시 예행**연습**을 해야 한다.

→ 각종 행사 전 예행연습이나 정부 차원의 군사연습을 표현할 때는 연습(演習)으로 표현해야 옳다. 그 의미가 기술을 숙달하는 연습(Practice)보다는 부대 간, 정부기관 간의 절차숙달, 즉 리허설(Rehearsal)에 중점을 두기 때문이다.

# 연임·중임

## 연임(連任)[105]

정해진 임기를 다 마친 뒤에 다시 계속하여 그 직위에 머무르는 것을 말한다.

*✐* 각국 대통령의 임기와 관련하여, 러시아의 경우 세 번 연임을 제한[106] 하고 중임 제한은 없다. 우리나라와 같이 중임 제한이 있는 나라는 연속으로 직(職)을 수행하는 것과 한 번 보임 후 쉬었다가 다시 하는 것도 금지된다. 미국은 한 번에 한해 중임을 허용한다.[107] 중임과 달리 연임은 이어서 연속하는 것에 초점을 맞춘다.

예: 도지사가 3번의 **연임**에 성공하였다.

## 중임(重任)

직책이나 임무를 거듭하여 맡는 것을 말한다. 어떤 자리에 임명 후 임면[108] 되고 다른 사람이 그 직책을 수행한 후, 다시 임명되는 경우와 임기가 만료되기 전에 조직 개편 등으로 계속 임용되는 경우도 포함한다.

---

105) 연임과 중임의 법률적 차이는 연임의 경우 연속하는 것에 초점을 맞춘 개념이고, 중임제는 현직에 있는 사람이 재출마하는 경우를 상정하는 연임제의 특수한 형태다. 즉, 중임제는 재직 중 출마, 낙선 이후 다음 선거에 출마하는 개념을 모두 포함하고 있지만, 연임제는 오직 현직에 있는 사람이 재출마하는 경우로 제한되며, 통상 연임제가 실시되는 경우 현직자가 차기 선거에서 낙선할 경우 재출마는 금지된다. 따라서 중임금지 조항이 있는 경우는 현직자는 차기 선거에 출마가 제한될 뿐만 아니라 차차기 선거에도 출마가 불가능하다. 일반적으로 법률이 정하는 바에 따라 다르겠지만, 예를 들어 대통령 4년 연임제의 경우 4년 임기를 마친 뒤 차기 대선에서 다시 당선되면 대통령 임기가 총 8년(한 번만 더 한다는 개념)이 되도록 한 제도이다. 단, 차기 대선에서 패배할 경우 다시는 대선에 출마할 수 없다. 반면 4년 중임제는 횟수에 상관없이 언제라도 거듭 선거에 나와 대통령을 할 수 있는 제도이다. 따라서 중임제 제도 하에서는 차기 대선에서 패배하더라도 언제든지 다시 대선에 출마할 수 있다. 미국 대통령의 경우 한 번에 한 해 중임이 가능하다.

106) 러시아 푸틴 대통령은 2000년부터 2008년까지 대통령을 지냈다(임기 4년, 3, 4대 대통령). 러시아 헌법은 세 번 연임을 제한하고 있어 푸틴은 자신의 심복인 메드베데프를 대통령으로 세우고, 자신은 그 밑에서 총리직을 수행하였다. 2012년에 다시 선거에 출마하여 당선됨으로써 세 번 연임을 피했다. 2012년부터 임기 6년의 6대 대통령으로 선출되고, 2018년 선거에 또 당선되어 7대 대통령직을 수행하고 있다.

107) 시어도어 루스벨트(Theodore Roosevelt) 미국 26대 대통령은 1901년부터 1909년까지 대통령을 지냈다. 1912년 대통령 선거에 다시 출마하였다가 낙선했다. 32대 미국 루스벨트 대통령은 4선 연임을 처음이자 마지막으로 하였다. 이후 헌법을 개정하여 중임까지만 허용하고 있다.

108) '해임'되는 것을 말한다.

✐ 러시아 대통령은 중임 제한을 적용하지 않는다. 세 번의 연임만
  제한한다.
  예: 이번 개각에서 그는 **중임**되었다.


➡ 임기가 끝난 뒤 같은 자리에 계속 임용되는 경우는 연임이라 할 수도 있고,
중임이라 할 수도 있다.


## 열사·의사·지사

### 열사(烈士)
나라를 위하여 절의를 굳게 지키며 충성을 다하여 싸운 사람을 말한다.
  예: 유관순 **열사**, 이준 **열사**는 우리의 영웅이다.


### 의사(義士)
나라를 위해 싸운 의로운 지사를 말한다.
✐ 안중근 의사 등과 같이 무력을 동반하여 행동으로 의롭게 싸운
  사람을 일컫는다.


### 지사(志士)
나라와 민족을 위하여 제 몸을 바쳐 일하려는 뜻을 가진 사람을 말한다.
  예: 신채호 **지사**, 박은식 **지사**는 훌륭한 사람이다.


➡ 투사(鬪士)는 나라와 민족을 위해 독립운동, 사회운동 등에서 앞장서서
투쟁하는 사람에 대한 칭호로 열사, 의사, 지사 등 모두를 아울러 일컫는 개
념이다. 지사(志士)와 비교하여 현장성이 강조되는 호칭이다. 열사와 의사는
죽은 후에 호칭을 붙이며, 지사는 생존 시에도 붙인다.

## 예민·민감

### 예민(銳敏)

무엇인가를 느끼는 능력이나 분석하고 판단하는 능력이 빠르고 뛰어남을 말한다. 또 자극에 대한 반응이나 감각이 지나치게 날카롭다는 뜻도 있다.

✎ 어떤 문제의 성격이 여러 사람의 관심을 불러일으킬 만큼 중대하고 그 처리에 많은 갈등이 있는 상태에 있는 것도 예민이다.

예: 개는 인간보다 후각이 발달하여 냄새에 **예민**하다.

예: 그는 조그만 소리에도 **예민**하다.

예: 선거자금은 정치인에게 **예민**한 사안이다.

### 민감(敏感)

자극에 빠르게 반응을 보이거나 쉽게 영향을 받음. 또는 그런 상태를 말한다.

예: 국제정세에 **민감**하게 반응해야 된다.

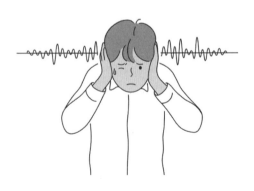

## 옥수수·강냉이

### 옥수수

볏과의 한해살이 풀을 말한다. 열매는 녹말이 풍부하고 식용 또는 가축의
사료로도 쓴다. 옥수수의 열매를 일컫기도 한다.

🖉 옥수수 알갱이가 수수알갱이와 비슷하고, 그 모양이 옥처럼 반들
  반들하고 윤기가 난다고 하여 수수에 '옥' 자가 붙어 지어진 이름
  이라고 한다.

### 강냉이

옥수수 열매를 달리 이르는 말이다. 또는 옥수수를 튀긴 것을 일컫기도 한다.

🖉 중국 양쯔강 남쪽을 가리키던 강남(江南)에 '미(米)'가 결합하여 만
  들어진 말이다. 강남이·강나미가 'l' 모음 역행 동화에 의해 강내
  미로 되었다가 강냉이로 바뀐 것이라 한다. 북한에서는 강냉이를
  강낭쌀로 부르기도 한다.

  예: **강냉이**밥으로 채운 배는 쉬이 꺼진다.

# 옷·의복·의상

### 옷

몸을 싸서 가리거나 보호하기 위하여 피륙[109] 따위로 만들어 입는 물건을 말한다.

### 의복(衣服)

옷의 문어적 표현이다.

예: 예식에서는 점잖은 **의복**을 갖춰야 한다.

### 의상(衣裳)

겉에 입는 옷. 또는 배우나 무용하는 사람들이 무대 위에서 입는 옷을 말한다.

✎ 여자들이 입는 겉옷. 즉 저고리와 치마도 의상이라고 부른다.

---

109) 아직 끊지 아니한 베, 무명, 비단 따위의 천을 통틀어 이르는 말이다.

# 완보·산보·속보·급보·강보·경보

### 완보(緩步)

천천히 걸음. 또는 느린 걸음을 말한다. 환자의 재활치료 시 많이 활용한다. 시간당 3~3.5킬로미터 정도를 이동한다.

### 산보(散步)

휴식이나 건강을 위해서 천천히 걷는 것을 말한다. 시간당 3.5~4킬로미터 정도를 이동한다.

### 속보(速步)

빨리 걸음. 또는 빠른 걸음을 말한다. 군사에서는 분당 120보 걸음으로 보폭 76센티미터 정도로 행진하는 걸음을 말한다. 시간당 5~5.5킬로미터 정도를 이동한다.

### 급보(急步)

급하게 걸음. 또는 그런 걸음을 말한다. 시간당 6~7킬로미터 정도를 이동한다.

### 강보(强步)

힘차고 빠르게 걸음. 또는 그런 걸음을 말한다. 일반인들이 최고의 속도를 낼 수 있는 걷기 방법이다. 시간당 7~8킬로미터 정도를 이동한다.

### 경보(競步)

일정한 거리를 규정에 따라 걸어 빠르기를 겨루는 경기를 말한다. 한쪽 발이 땅에서 떨어지기 전에 다른 쪽 발이 땅에 닿게 하여 빨리 걷는다. 시간당 15킬로미터 이상을 걷는다.

## 외골수·외곬

### 외골수(外骨髓)

단 한 곳으로만 파고드는 사람으로, 단 하나의 분야나 일에 철저하거나 골몰한 사람을 말한다.

　　예: **외골수** 학자 / 예: 자신의 주장만을 고집하는 **외골수**이다.

### 외곬

단 한 곳으로만 트인 길. 또는 단 하나의 방법이나 방향을 말한다.

　　예: 그렇게 **외곬**으로 생각을 하면 해결의 실마리를 찾기 어렵다.

　　예: 선생님은 **외곬**으로 손만을 사용해 도자기를 만들었다.

## 운용·운영

### 운용(運用)

무엇을 움직이게 하거나 부리어 씀을 말한다.

　　예: 규칙의 **운용**을 멋대로 한다. / 예: 기금을 잘 **운용**해야 한다.

### 운영(運營)

조직이나 기구, 사업체 따위를 운용하고 경영함. 또는 어떤 대상을 관리하고 운용하여 나감을 말한다.

　　예: 공단 부실 **운영**의 책임을 묻는다.

　　예: 이 스포츠센터는 전액 국비로 **운영**한다.

➡ 운용은 어떤 대상을 움직이게 하거나 활용한다는 뜻을 가지고, 운영은 경영하고 관리한다는 의미가 있다.

# 우레·우뢰

## 우레

뇌성과 번개를 동반하는 대기 중의 방전현상을 말한다.

✎ 예전에는 雨雷(우뢰)로 써 왔으나 우리말 '우레'를 한자어로 잘못 인
   식하여 사용했다. 16세기 말의 가사작품인 『관동별곡』에도 우레로
   명기되어 있어 우레가 고유어임이 확인되었다. 우레와 같은 뜻으로
   는 '천둥'이 있다.
   예: **우레**와 같은 갈채가 쏟아졌다.

## 우뢰

우레의 옛 표기로 1988년 이전에는 '우뢰(雨雷)'로 사용하였다.

# 위령재(齋)·위령제(祭)

## 위령재(慰靈齋)

'위령제'의 불교식 표현이다. 불교에서는 천도재[110], 위령재 또는 수륙재[111] 등을
거행한다. 표준 국어대사전에는 등재되어 있지 않다.

✎ 재(齋)는 종교적 의식 따위를 치르기 위하여 몸과 마음을 깨끗이
   하고 부정(不淨)한 일을 멀리하는 것을 말한다.
   예: 한국 불교계 대표 스님들 4·3 희생자 **위령재** 봉행.

---

110) 죽은 이의 영혼을 극락으로 보내기 위해 치르는 불교의식이다. 가장 잘 알려진 것이 사십구재
    이다. 사십구재를 가장 중요시하는 것은 명부시왕(불교에서 죽은 이를 심판한다는 열 명의 왕) 중
    지하의 왕으로 알려진 염라대왕이 심판하는 날이기 때문이다. 그래서 예로부터 불교신자가 아
    니더라도 사십구재만큼은 꼭 치렀다고 한다.
111) 불교에서 물과 육지를 헤매는 영혼과 아귀(餓鬼)를 달래고 위로하기 위해 불법을 강설하고 음
    식을 베푸는 종교의례를 말한다. 불교의식이다.

## 위령제(慰靈祭)

죽은 사람의 영혼을 위로하기 위하여 지내는 제사를 말한다.

> 예: 비행기 사고 희생자 합동 **위령제**.

# 위법·불법·탈법·편법

### 위법(違法)

법률이나 명령을 어김을 뜻한다. 실생활에서는 불법과 같은 의미로 사용된다.

> 예: 이 모임은 **위법**의 소지가 있다.

### 불법(不法)[112]

법에 어긋남을 뜻한다. 민법에서 위법이라는 넓은 개념은 법에 어긋나는 행위 전체를 말하지만, 불법은 고의나 과실로 타인에게 손해를 입힌 위법행위를 말한다. 즉 민법에서 불법행위는 모두 위법행위이지만 모든 위법행위가 곧 불법행위는 아니다.

> 예: **불법** 주차로 불편이 가중된다.

### 탈법(脫法)

법이나 법규를 지키지 않고 그 통제 밖으로 교묘히 빠져나감을 말한다. 탈세를 목적으로 부동산의 명의를 이전하는 등 강행법으로 금지된 내용을 형식적으로는 적법한 다른 수단으로 달성하려는 행위를 말한다.

> 예: **탈법**행위를 버젓이 저지르고 있다.

---

112) 형법에서의 위법은 행위와 전체 법질서 사이의 관계를 보여주는 개념이다. 또 형법에서 불법은 위법으로 평가된 행위 자체를 말한다. 때문에 위법은 어느 것이 더 나쁘다는 '정도의 차이'를 논할 것 없이 법에 위반된 행위 전체를 말한다. 반면 불법은 형법에서 금지하는 위법한 각각의 행위 자체를 뜻하기 때문에 '더 나쁜 것'과 '덜 나쁜 것'으로 정도의 차이를 논할 수 있다. 예컨대 형법에서 살인죄와 절도죄는 모두 위법행위이지만 살인의 불법이 절도의 불법보다 훨씬 더 나쁘다는 것은 당연하다.

### 편법(便法)

정상적인 절차를 따르지 않고 간편하고 손쉬운 방법을 의미한다. 불법행위가 아닌 편법행위라도 도덕적 비난을 받는다. 결혼식 축의금으로 둘러대어 거액의 현금을 자녀에게 증여하는 것도 한 예다.

예: 초과근무수당을 **편법**으로 챙긴 공무원들을 징계하였다.

## 위임·위탁

### 위임(委任)

어떤 일을 책임 지워 맡김, 또는 그 책임을 말한다. 통상적으로 조직의 수직관계 속에서 직속 예하기관이나 사람에게 책임과 권한을 부여하는 것을 말한다.

예: 장관이 인사권한을 차관에게 **위임**하였다.

### 위탁(委託)

남에게 사물이나 사람의 책임을 맡기는 일. 또는 법률행위나 사무의 전반을 다른 사람에게 부탁하는 일을 말한다. 어느 특정조직이 계통이 다른 조직이나 외부 사람에게 어떤 일을 맡기는 것을 말한다.

예: 회사 구내식당을 전문 업체에 **위탁**하였다.

## 위조·변조

### 위조(僞造)

어떤 물건을 본래의 물건처럼 속일 목적으로 만드는 것을 말한다.

> 예: 5만 원권 **위조** 화폐를 만들다.

### 변조(變造)

이미 만들어진 어떤 물체에 다른 모양이나 다른 물건으로 바꾸어 만드는 것을 말한다.

> 예: 주민등록증의 사진을 **변조**하였다.

## 유래·유례

### 유래(由來)

사물이나 어떤 일이 생겨난 근원을 말한다.

> 예: 아리랑 민요의 **유래**를 알아보자

### 유례(類例)

같거나 비슷한 예나 전례를 말한다.

> 예: 손흥민의 통산 100호 골은 사상 **유례**가 없는 일이다.

## 유명 · 운명

### 유명(幽明)

이승과 저승을 아울러 이르는 말이다. '유명을 달리함'으로 쓰여 '죽다'를 완곡하게 이르는 말이다. 또 어둠과 밝음을 아울러 이르는 말을 일컫기도 한다.

예: 아버지께서 **유명**을 달리하였다.

### 운명(殞命)

사람의 목숨이 끊어짐을 뜻한다.

예: 형은 객지 생활로 어머니의 **운명**을 보지 못했다.

## 육개장 · 육계장

### 육개장(肉개醬)

쇠고기를 삶아서 알맞게 뜯어 넣고 얼큰하게 만든 국을 말한다. '개장', '개장국'은 개고기를 끓인 국을 말하는데, 개장국처럼 끓였다고 하여 육개장이라고 한다.

예: 단체 손님들이 **육개장**을 주문했다.

### 육계장

육개장과 육계장을 혼용하는 경우가 있으나, '육개장'이 옳은 표현이다.

## 은폐·엄폐

### 은폐(隱蔽)

덮어 감추거나 가리어 숨김을 뜻한다. 적에게 관측되지 않도록 주변의 지형지물을 이용하여 인원이나 장비, 시설 따위를 숨기는 일을 말한다. 군사용어에서 은폐는 인원이나 장비를 인공물 또는 자연물을 이용하여, 적의 관측으로부터 거부하는 것을 말한다. 적의 관측으로부터 보호는 받으나 직사화기로부터 보호는 받지 못한다. 영어로는 Concealment이다.

예: 적의 감시활동으로부터 피하려면 **은폐**를 해야 한다.

### 엄폐(掩蔽)

가리어 숨김을 말한다. 사전적 뜻은 은폐와 유사하다. 군사용어에서 엄폐는 지형지물을 이용하여 적의 관측은 물론 적의 직사화기로부터 보호받는 곳에 몸을 가리는 것을 말한다. 영어로는 Cover이다.

예: 적의 화력공격에 대비하여 모래주머니로 **엄폐**호를 구축한다.

➡ 은폐는 숲속에 몸을 숨겼으나 소총이나 포탄 파편 등을 막지 못하는 반면, 엄폐는 바위나 물체 뒤에 숨어 은폐를 포함하여 총탄이나 포탄 파편으로부터도 보호가 가능하다.

# 음어·암호·암구호

### 음어(陰語)

군대에서 암호를 이르는 말이다. 군사적으로는 통신내용을 비닉할 목적으로
사용하는 문자, 숫자, 기호 등으로 구성된 환자표로, 이를 수록한 문서나 기타
기억장치를 음어자재라고 한다.

예: **음어**를 분실하면 그 작전은 실패다.

### 암호(暗號)

비밀을 유지하기 위하여 당사자끼리 정한 약속 기호. 또는 적군과 아군을 분간
할 수 없는 야간에 피아식별을 하기 위하여 정해 놓은 말을 일컫기도 한다.

예: 미군이 일본군의 **암호**를 사전에 해독하였다.

### 암구호(暗口號)

적군과 아군을 분간할 수 없는 야간에 피아식별을 하기 위하여 정해 놓은
말이다. 수하자의 문어와 상대방의 답어로 구성된다. 단어나 특별한 음향신호에
의한 답변, 숫자 맞추기 등이 있다.

예: 순찰 중인 상관이 이등병의 **암구호**에 답변한다.

## 의논·의론

### 의논(議論)
어떤 일에 대하여 서로 의견을 주고받음을 말한다.
>예: 부모님과 **의논**도 없이 결혼을 약속했다.

### 의론(議論)
어떤 사안에 대하여 각자의 의견을 제기함. 또는 그런 의견을 말한다.
> &#x1F58B; 의논의 비표준어였으나, 2015년 국립국어원에서 의미가 다른 것
으로 보고 별도 표준어로 인정하였다.
>예: 두 가지 **의론**이 맞서서 결론이 나지 않는다.
>예: 이러니저러니 **의론**이 분분하다.

## 이름·빠름

### 이름(이르다)
계획한 기준, 정해진 시각보다 앞서거나 빠름. 또는 시간, 계절 등에서 대중
이나 기준을 잡은 때 보다 앞서거나 빠름을 일컫는다.
>예: **이른** 아침 / 예: 아직 봄이라 하기에는 **이르다**.

### 빠름(빠르다)
어떤 동작을 하는데 걸리는 시간이 짧음. 또는 어떤 일이 이루어지는 과정
이나 기간이 짧다는 것을 말한다. 어떤 것이 기준이나 비교 대상보다 시간 순서
상으로 앞선 상태에 있다는 것을 뜻한다. 또 어떤 일이 생기거나 어떤 일을 하기
에는 아직 시간이 더 필요한 상태에 있다는 것을 일컫기도 한다.
>예: 걸음이 **빠르다**. / 예: 회복이 **빠르다**.
>예: 이 시계는 5분이 **빠르다**. / 예: 네가 결혼하기에는 좀 **빠르다**.

## 이발관·이발소·이용원

**이발관(理髮館), 이발소(理髮所), 이용원(理容院)**
일정한 시설을 갖추고 남자의 머리털을 깎고 다듬어 주는 곳을 말한다.
이발관, 이발소, 이용원은 같은 의미로 사용되고 있다.

➡ 오래전 서양에서는 이발사가 외과의사나 욕탕업을 겸했다. 이발관의 빨강, 파랑, 하얀색의 삼색등은 동맥, 정맥, 붕대를 뜻한다. 이발사가 외과의사를 겸하고 있었던 데서 비롯됐다. 이발사의 웃옷(gown)이 흰색인 것도 그 연유다. 이발사(理髮師)의 '師' 자가 의사(醫師)와 같이 동일한 것도 눈여겨 볼만하다.[113]

## 이상·이하·초과·미만

**이상(以上)**
수량이나 정도가 일정한 기준보다 많거나 나음. 또는 순서나 위치가 일정한 기준보다 앞이나 위를 말한다. 또 이미 그렇게 된 바에는 뜻도 있다. 기준이 수량으로 제시될 경우에는 그 수량이 범위에 포함되면서 그 위인 경우를 말한다.
　　예: 5 **이상**은 5,6,7,8,9… 을 말한다.

**이하(以下)**
수량이나 정도가 일정한 기준보다 적거나 모자람. 또는 기준이 수량으로 제시될 경우에는 그 수량이 범위에 포함되면서 그 아래인 경우를 말한다.
　　예: 5 **이하**는 5,4,3,2,1… 을 말한다.

---

113) 변호사, 회계사, 조종사, 공인중개사, 운전사, 세무사 등은 '士(선비)' 자를 쓴다. 본 책자의 '사 : 의사(師)·변호사(士)·판사(事)·대사(使)'의 설명을 참조하라.(p146)

### 초과(超過)

일정한 수나 한도 따위를 넘음. 또는 기준이 수량으로 제시될 경우에는 그 수량이 범위에 포함되지 않으면서 그 위인 경우를 말한다.

예: 5 **초과**는 6, 7, 8, 9, 10⋯ 을 말한다.

### 미만(未滿)

정한 수효나 정도에 차지 못함. 또는 기준이 수량으로 제시될 경우에는 그 수량이 범위에 포함되지 않으면서 그 아래인 경우를 말한다. 흡족하지 못함의 뜻도 있다.

예: 5 **미만**은 4, 3, 2, 1, 0⋯ 을 말한다.

## 이유 · 원인

### 이유(理由)

어떠한 결론이나 결과에 이른 까닭이나 근거. 또는 구실이나 변명을 말한다.

예: 눈이 내려 지각을 했다고 **이유**를 말했다. / 예: 사사건건 **이유**를 달다.

### 원인(原因)

어떤 사물이나 상태를 변화시키거나 일으키게 하는 근본이 된 일이나 사건을 말한다.

예: 화산이 폭발하는 **원인**을 연구하다.

## 이의(異議) · 이의(異義) · 의의(意義)

### 이의(異議)

다른 의견이나 논의. 또는 민법에서 타인의 행위에 대하여 반대 또는 불복의 의사를 표시하는 일을 말한다.

예: **이의**가 있으신 분은 손을 들어 주세요.

예: **이의**가 없으면 다음 논의로 넘어가겠습니다.

## 이의(異義)

다른 뜻. 또는 다른 의미를 일컫는다. 다른 주의(主義)를 뜻하기도 한다.

> 예: 그의 말에는 **이의(異義)**가 있다는 것을 알아야 한다.

## 의의(意義)

말이나 글의 속뜻. 또는 어떤 사실이나 행위 따위가 갖는 중요성이나 가치를 말한다.

> 예: 그 말의 **의의**가 무엇일까 곰곰이 생각하다.

> 예: 남북정상회담이 갖는 역사적 **의의**는 길이 남을 것이다.

# 이튿날·다음날

## 이튿날

어떤 일이 있은 그다음의 날을 말한다.

> 예: 결혼식을 올리고 **이튿날** 신혼여행을 떠난다.

> 예: 파리에 도착하자마자 숙소로 가고, **이튿날** 에펠탑에 간다.

## 다음날

정하여지지 아니한 미래의 어떤 날을 말한다.

> 예: 오늘은 여기서 헤어지고 **다음날**에 식사를 하자.

➡ 이튿날에는 기준일이 있어야 하지만, 다음날에는 기준일이 없어도 쓸 수 있다.

## 이파리·잎사귀·낙엽

### 이파리
나무나 풀의 살아 있는 낱잎을 말한다.
> 예: 상추 **이파리**에 달팽이가 기어 다닌다.

### 잎사귀
낱낱의 잎을 말한다. 주로 넓적한 잎을 말한다.
> 예: 나무 **잎사귀**에 붉은 단풍이 들다.

### 낙엽(落葉)
나뭇잎이 떨어짐. 또는 말라서 떨어진 나뭇잎을 말한다.
> 예: 떨어지는 **낙엽**은 바람을 탓하지 않는다.

## 이판·사판

### 이판(理判)
불교에서 속세를 떠나 수도에 전심하는 일을 뜻한다.

### 사판(事判)
불교에서 절의 모든 재물과 사무를 맡아 처리함을 말한다.

➡ 조선 시대에는 불교를 억압하였다. 유교를 국교로 세우면서 스님은 성안 출입도 금지했다. 조선조에 스님이 된다는 것은 마지막 신분 계층이 된다는 것을 의미했다. 스님이 된 것은 이판이건 사판이건 마지막 신분이 되었고 끝장을 의미하는 일이었다. 막다른데 이르러 어찌할 수 없게 된 상황을 '이판사판' 이라고 표현한다.

## 인가 · 허가

### 인가(認可)

인정하여 허가함. 또는 제삼자의 법률행위를 보충하여 그 법률상의 효력을 완성하는 행위를 말한다. 법인 설립의 인가, 사업 양도의 인가 따위가 있다.

  ✎ 사립대학 설립 시에는 법률에 의해 학교법인 설립인가를 받아야
    한다.

### 허가(許可)

행동이나 일을 하도록 허용함. 또는 법령에 의하여 일반적으로 금지되어 있는 행위를 행정기관이 특정한 경우에 해제하고 적법하게 이를 행할 수 있게 하는 일이다.

  ✎ 권리를 설정하는 특허나 법률의 효력을 보완하는 인가와는 구별
    된다.

➡ 인가는 허가와는 다르게 관청의 개입과는 상관없이 일반적 조건과 절차를 갖추면 승인한다. 허가는 관청에 의해 검토 후 승인하는 경우다. 이처럼 인가와 허가는 학문상 개념의 차이는 있으나, 실무에서는 혼용하여 사용한다.

## 인지 · 인식

### 인지(認知)

어떤 사실을 인정하여 앎. 또는 자극을 받아들이고, 저장하고, 인출하는 일련의 정신과정을 말한다. 지각, 기억, 상상, 개념, 판단, 추리를 포함하여 무엇을 안다는 것을 나타내는 포괄적인 용어로 쓴다.

  ✎ 인지는 혼인 외에 출생한 자녀에 대하여 친아버지나 친어머니가
    자기 자식임을 확인하는 일을 일컫기도 한다.

### 인식(認識)

사물을 분별하고 판단하여 앎. 또는 자극을 받아들이고, 저장하고, 인출하는 일련의 정신과정을 말한다. 철학에서는 일반적으로 사람이 사물에 대하여 가지는, 그것이 진(眞)이라고 하는 것을 요구할 수 있는 개념, 또는 그것을 얻는 과정을 말한다.

    ✎ 인식은 사람이 가지고 있는 지식과 식견의 총합이다.

    ➡ 인지는 무엇을 안다는 것의 포괄적 의미(머리·두뇌의 기억영역)이고, 인식은 무엇이 중요한지를 깨닫고 이해(머리·두뇌의 기억영역+가치판단)하는 것을 의미한다고 볼 수 있다.

## 인지도·지명도

### 인지도(認知度)

어떤 사람이나 물건, 지역, 국가 등을 알아보는 정도를 말한다. 어떤 사물이나 사람의 생애나 작품, 업적에 대하여 알고 있는 정도를 말한다.

    예: 이 제품의 **인지도**가 매우 높다. / 예: 대한민국의 **인지도**는 매우 높다.

### 지명도(知名度)

세상에 이름이 널리 알려진 정도를 말한다. 이름이 알려진 정도를 뜻하며 이름에 한정된다. 다른 건 잘 모르더라도 이름이 잘 알려졌다면 지명도가 높다고 한다.

    예: 이번 선거 공천에는 후보의 **지명도** 보다 참신성을 본다.

    예: 학원 수강생의 수는 강사의 **지명도**와 비례한다.

## 일사병·열사병

### 일사병(日射病)

강한 태양의 직사광선을 오래 받아 일어나는 병을 말한다. 두통, 구토, 근육 경련, 실신 등의 증세가 나타난다. 열 피로에서 열사병까지 여러 가지 뜻으로 혼용되어 사용되고 있다.

✎ 일사병은 열 피로, 열 탈진과 같은 뜻으로 사용되며, 땀을 많이 흘려 염분과 수분이 부족할 때 발생한다.

### 열사병(熱射病)

고온 다습한 곳에서 몸의 열을 발산하지 못하여 생기는 병을 말한다. 체온이 높아져서 어지러움과 피로를 느끼다가 갑자기 의식을 잃고 쓰러진다.

예: 고온 다습한 비닐하우스 안에서 **열사병** 환자가 속출한다.

➡ 일사병의 증세가 지속되면 열사병으로 진행될 수 있으므로 적절한 응급 처치가 필요하다.

## 일절·일체

### 일절(一切)[114]

아주, 전혀, 절대로의 뜻으로 흔히 행위를 그치게 하거나 어떤 일을 하지 않을 때 쓰는 말이다. '일체'의 비표준어이다.

예: **일절** 간섭하지 마시오. / 예: 출입을 **일절** 금한다.

### 일체(一切)

모든 것 또는 전부, '완전히'의 뜻을 나타내는 말이다. 부사로 쓰여 '모든 것을 다'의 의미도 있다.

예: 재산 **일체**를 기부했다. / 예: 나의 권한 **일체**를 당신에게 맡긴다.

예: 걱정과 근심은 **일체** 털어 버리고 즐겁게 술이나 먹자.

## 일탈·이탈

### 일탈(逸脫)

정해진 영역이나 본디의 목적, 길, 사상, 규범 따위에서 벗어남. 또는 사회적인 규범으로부터 벗어남을 일컫는다.

예: 그의 작품은 문학의 정도에서 **일탈**했다는 이유로 혹평을 받았다.

예: 가정교육의 부재로 청소년들의 **일탈**행위가 늘고 있다.

### 이탈(離脫)

어떤 범위나 대열 따위에서 떨어져 나오거나 떨어져 나감을 말한다.

예: 논의가 토론의 범위에서 많이 **이탈**되었다.

예: 행군 중에 **이탈**하는 신병들이 발생한다.

---

114) 한자로는 일체(一切)와 일절(一切)이 동일하다.

# ㅈ

지읒

# 자청·자처

### 자청(自請)

어떤 일을 하겠다고 스스로 나서는 것을 말한다.

예: 어려운 일을 **자청**했다.

### 자처(自處)

자기 자신을 어떤 사람으로 여기고 스스로 그렇게 처신하는 것을 말한다.

예: 자신이 전문가임을 **자처**하고 다닌다.

## 잡지(雜誌)·잡지(雜紙)

### 잡지(雜誌)

일정한 제목을 붙이고 호(號)를 거듭하며 정기적으로 간행하는 출판물을 말한다.

✎ 책의 성격에 따라 다양한 내용의 글이 실리며, 간행 주기에 따라 주간, 순간[115], 월간, 계간[116]으로 나눈다. 건강, 취미, 스포츠 등 다양한 내용을 싣는다.

### 잡지(雜紙)

쓰고 버린 종이. 또는 쓸모가 없게 된 종이를 말한다. 폐지와 비슷한 말이다.

예: 그 노인은 골목의 **잡지**를 모아 생계를 이어간다.

---

115) 순간(旬間)은 신문, 잡지 따위를 열흘에 한 번 씩 간행하는 일. 또는 그런 간행물을 말한다.
116) 계절별로 발간하는 것을 말한다.

# 장사·장수

## 장사
이익을 내기 위하여 물건을 파는 일을 말한다.
> 예: 여름에는 사과 **장사**를 하고, 겨울에는 호떡 **장사**를 한다.

## 장수
물건을 파는 사람을 가리키는 말이다.
> 예: 엿**장수**는 엿을 파는 사람이다.

# 장애·장해

## 장애(障礙)
어떤 사물의 진행을 가로막아 거치적거리게 하거나 충분한 기능을 하지 못하게 함. 또는 그런 일을 말한다. 신체 기관이 본래의 제 기능을 하지 못하거나 정신능력에 결함이 있는 상태. 또는 유선 통신이나 무선 통신에서 유효 신호의 전송을 방해하는 잡음이나 혼신 따위의 물리적 현상을 말하기도 한다.
> 예: 그 사람의 반대는 사업추진에 **장애**가 된다.
> 예: 그는 시각 **장애**를 극복하고 훌륭한 연주자가 되었다.
> 예: 프로그램 송출 **장애**로 방송이 중단되었다.

## 장해(障害)
하고자 하는 일을 막아서 방해함. 또는 그런 것을 말한다.
> 예: 교통사고 후 그는 '1급 **장해**'로 판정을 받았다.

➡ 장애와 장해는 대부분의 문장에서 넘나들며 쓰일 수 있지만, 장애는 지체·시각장애 등 주로 의학용어로, 장해는 장해보험, 장해등급 등 법률, 보험 용어로 주로 쓰인다.

## 재연·재현

### 재연(再演)

한 번 하였던 행위나 일을 되풀이 함. 또는 연극이나 영화 따위를 다시 상연하는 것을 말한다.

> 예: 참혹한 전쟁이 이 땅에서 **재연**돼서는 안 된다.

### 재현(再現)

옛날 모습대로 꾸며서 보여주는 일을 말한다.

> 예: 옛날 과거시험 모습을 **재현**하였다.

## 재떨이·재털이

### 재떨이

담뱃재를 떨어 놓는 그릇을 말한다.

> 예: 꽁초는 **재떨이**에 버려 주십시오.

### 재털이

재떨이의 비표준어다.


➡ '떨다'는 달려있거나 붙어 있는 것을 쳐서 떼어내는 것을 말하고, '털다'는 달려 있거나 붙어 있는 것 따위를 떨어지게 흔들거나 치거나 하는 것을 말한다. 먼지를 떨어 없애는 청소도구인 먼지떨이도 '먼지떨이'가 표준어이고, '먼지털이'는 비표준어이다.

## 저당권·근저당권

### 저당권(抵當權)

빚을 진 사람이 빚을 갚지 못할 경우, 채권자가 담보에 대해 우선적으로 빚을 돌려받을 수 있는 권리를 말한다.

✎ 담보로 1억 원을 설정하고 3천만 원을 상환한 경우, 1억 원에 대해 저당권 설정을 해지 후 나머지 7천만 원에 대해 다시 저당권을 설정한다.

### 근저당권(根抵當權)

미래에 발생할 채권을 담보하기 위해 미리 설정한 저당권을 말한다. 특정 채권에 대해 최고액을 설정하고 담보하기 위해 동산이나 부동산을 잡거나 잡히는 것을 근저당이라고 한다.

✎ 1억 원의 근저당이 설정되어 있다면, 실제로 대출받은 금액은 더 적을 수도 있다. 1억 원의 근저당을 설정 후, 5천만 원을 빌렸다가 상환했다면 1억 원 내에서 다시 대출을 받을 수 있다.

## 전결·대결·후결

### 전결(專決)[117]

위임받은 결정권자가 최종 결정하고 처리함을 뜻한다. 직급마다 전결 권한이
있다.

> 예: 규정에 의해 과장이 **전결**하였다.

### 대결(代決)

남을 대신하여 결재함. 또는 그런 결재를 말한다. 결재권자가 한동안 자리에
없을 때 보조 기관이 결재를 대신하는 일을 말한다.

> 예: 시장님이 해외출장 중이어서 부시장이 공문을 **대결**하였다.

### 후결(後決)

결정권자가 자리를 비웠을 때 먼저 승인하여 집행하고 차후에 결정권자가
확인함을 말한다.

> 예: **후결**한 문서는 결재권자가 직무에 복귀하면 보고한다.

## 전기요금·전기세

### 전기요금(電氣料金)

전기를 사용한 데에 대한 요금을 말한다. 요금은 남의 힘을 빌리거나 사물을
사용, 소비한 대가로 치르는 돈이다.

> 예: **전기요금**은 사용량에 따라 누진율이 적용된다.

---

117) 결재와 관련된 말로 전결, 대결, 후결, 선결, 후열, 공람, 미결, 완결 등의 용어가 있다. 전결은 위
임 전결규정에 의해 결재하고 필요 시 각종 회의 시 상급자와 의사소통한다. 대결은 최종결정권
자가 공석 시 대신 결재하는 것을 말하고, 후결의 한 예로는 결정권자와 직속 상급자 둘 다 공
석 시 차차 하급자가 승인을 하고, 차후에 결정권자가 확인을 하도록 하는 것이다. 다만, 권리나
의무에 관계되는 중요사항은 후결하지 않고 어떤 형태로든 지침을 받아 업무를 추진한다.

### 전기세(電氣稅)

전기요금을 일상적으로 이르는 말이다. 세(稅)는 조세를 말하는데, 조세는 국가 또는 지방 공공 단체가 필요한 경비로 쓰기 위하여 국민이나 주민으로부터 법률에 의해 거두어 들이는 금전을 말함으로 엄밀히는 전기요금이 적절한 표현이다. 국립국어원에서는 '전기세'라는 표현도 표준어로 인정하고 있다.

예: 전기요금 청구서에 **전기세**가 합산된다.

➡ 전기를 사용하고 그 대가로 돈을 지불하는 것은 전기요금이다. 정부나 지방정부에서 세(稅)로 걷는 것은 세금이고, 단체나 업체에서 소비의 대가로 받는 돈은 요금이다.

## 전사·순직·순국

### 전사(戰死)

전장에서 적과 싸우다가 목숨을 잃는 것을 말한다.

✎ 유사어로 전몰(戰歿), 진망(陣亡), 진몰(陣歿)이 있다.

### 순직(殉職)

나라를 위해 직무를 다하다가 목숨을 잃는 것을 말한다.

예: 정부는 **순직** 소방관에게 훈장을 추서했다.

### 순국(殉國)

나라를 위하여 목숨을 바치는 것을 말한다.

예: **순국**열사에 대하여 묵념을 올리다.

# 전역·퇴역·면역·제대

### 전역(轉役)[118]

군에서, 현재까지 복무하던 역종에서 다른 종으로 바뀌는 것을 말한다. 현행 법률상 병역의무자의 역종은 현역, 예비역, 보충역, 병역준비역(제1국민역), 전시 근로역(제2국민역) 등으로 구분한다. 장교, 준(부)사관, 병이 현역에서 예비역 (또는 퇴역) 등으로 역종이 바뀌는 것을 전역이라고 한다.

예: 영화배우 홍길동이 군 복무를 마치고 **전역**을 한다.

### 퇴역(退役), 면역(免役)

현역 또는 예비역의 군인이 병역의무 기간을 마치고 현역 또는 예비역에서 물러나는 것을 말한다. 병역의 의무는 현역(보충역)복무 후에도 병역법과 향토 예비군 설치법에 따라 일반병사의 경우 40세(전시 45세) 장교, 준사관, 부사관의 경우는 군 인사법상 해당 계급의 연령 정년이 되는 해까지 현역 또는 예비역 으로서 의무복무를 해야 한다. 이 기간이 지나면 일반 병사의 경우 면역이 되고, 장교, 준사관, 부사관의 경우에는 퇴역이 된다.

예: 육군참모총장이 국방부 장관에 임명되고, 합참의장은 **퇴역**을 한다.

➡ 면역과 퇴역이 되면 병역의무가 없다. 이에 비해 전역이란 역종이 변경되는 것을 말한다. 병사의 경우 40세(전시 45세)까지 예비역에 편입되며(보충역 또는 전시근로역), 부사관 이상의 경우는 전역 후 군인사법상 정년도래 등 퇴역사유가 아니면 예비역에 편입된다.

---

118) 전역과 유사한 말로 '제대', '예편'이라는 용어가 있는데, '제대'는 소속부대에서 제외된다는 의미 로 현역복무를 마무리함을 뜻한다. 1997년 제정된 제대군인지원에 관한 법률에 따르면 제대군 인이란 군 복무를 마치고 전역, 퇴역, 면역한 자를 말한다. 또 상근예비역에서 소집 해제된 경 우도 포함된다. '예편'은 현역에서 예비역으로 편입된다는 말이다. 통상 전역이라는 말과 같은 의미로 사용한다.

# 전통·정통

### 전통(傳統)
어떤 집단이나 공동체에서 예로부터 내려오는 사상, 관습 행동 따위의 양식을 말한다.

> 예: 그는 **전통** 무술의 계승자이다.

### 정통(正統)
정식으로 계승되어 오는 바른 계통. 또는 사물의 중심이 되는 요긴한 부분을 말한다.

> 예: 그는 소림사의 **정통** 무술을 계승하고 있다.
> 예: 상대 선수는 **정통**으로 복부를 맞고 쓰러졌다.

# 절체절명·절대절명

### 절체절명(絶體絶命)[119]
몸도 목숨도 다 되었다는 뜻으로, 어찌할 수 없는 절박한 경우를 비유적으로 이르는 말이다.

> 예: **절체절명**의 위기에서 벗어났다.

### 절대절명(絶對絶命)
절대절명을 절체절명과 같은 뜻으로 많이 사용하고 있으나 '절체절명'의 잘못된 표현이다.

---

119) 절체절명의 한자는 絶(끊을 절), 體(몸 체), 絶(끊을 절), 命(목숨 명)이다.

## 정거장·정류장·정류소

### 정거장(停車場)

버스나 열차가 일정하게 머무르도록 정하여진 장소를 말한다. 승객이 타고 내리거나 화물을 싣거나 내리는 곳을 뜻한다.

　　예: 이제 두 **정거장** 남았다.

### 정류장(停留場), 정류소(停留所)

버스나 택시 따위 등이 사람을 태우거나 내려주기 위하여 머무르는 일정한 장소를 말한다.

　🖋 정거장과 정류장은 유의어로 쓰이고, 정류장과 정류소는 동의어이다.

## 정리·정돈

### 정리(整理)

흐트러지거나 혼란스러운 상태에 있는 것을 한데 모으거나 치워서 질서 있는 상태가 되게 함. 또는 체계적으로 분류하고 종합하는 것을 말한다.

　　예: 경찰이 수신호로 교통**정리**를 한다.

　　예: 옷가지를 개어 서랍 속에 **정리**한다.

### 정돈(停頓)

어지럽게 흩어진 것을 규모 있게 고쳐 놓거나 가지런히 바로 잡아 정리함을 말한다.

　　예: 양말과 속옷이 가지런히 **정돈**되어 있다.

# 정체·서행·원활

## 정체(停滯)

사물이 발전하거나 나아가지 못하고 한자리에 머물러 그침을 뜻한다.

✎ 교통상황 표기용어로는, 도시 일반도로 기준 약 20km/h 미만의
속도로 달리는 것을 말한다.

## 서행(徐行)

사람이나 차가 천천히 감을 뜻한다.

✎ 교통상황 표기용어로는, 도시 일반도로 기준 약 20~40km/h 미
만의 속도로 달리는 것을 말한다.

## 원활(圓滑)

거침이 없이 잘되어 나감. 또는 모난 데가 없고 원만함을 뜻한다.

✎ 교통상황 표기용어로는, 도시 일반도로 기준 40km/h 이상의 속
도로 달리는 것을 말한다.

➡ 교통정보 제공기관으로는 국가교통정보센터(국토부교통부), 한국도로공사,
지방국토관리청, 경찰교통정보센터와 각 지방자치단체가 있다. 민간은 인터넷
포탈사인 네이버와 카카오, 이동 통신사 등이 있는데 기관마다 기준의 차이가
있다.[120]

---

120) 기관마다 3단계(정체, 서행, 원활)와 4단계(정체, 지체, 서행, 원활) 등으로 상이하게 적용되어 왔다.
2018년에 도로교통공단에서는 타 서비스기관과 협의하여 신뢰도향상 차원에서 정체, 서행,
원활의 3단계의 도로 상황과 일반도로, 고속도로, 자동차전용도로 등 3종류로 분류하는 단일
기준을 마련하였다. 현재에도 과거 기준을 적용하고 있는 곳도 있다.

## 정확·적확

### 정확(正確)

바르고 확실함을 뜻한다.

예: 손목시계는 한 치의 오차 없이 **정확**하다. / 예: 그는 보는 눈이 **정확**하다.

### 적확(的確)

정확하게 맞아 조금도 틀리지 아니함을 의미한다.

예: 자연스럽고 **적확**한 단어를 사용해야 한다.

예: 증거가 **적확**하지 않으면 재판에서 이길 수 없다.

## 제고·재고

### 제고(提高)

쳐들어 높임. 또는 높이 끌어 올림을 뜻한다.

예: 검찰의 위상을 **제고**한다.

### 재고(再考)

어떤 일이나 문제 따위에 대하여 다시 생각함을 뜻한다.

예: 결혼에 반대하는 결정을 **재고**하여 주십시오.

## 조제(調劑)·조제(調製)

### 조제(調劑)
약품을 적절히 조합하여 약을 지음 또는 그런 일을 말한다.
> 예: 약사가 아닌 사람이 함부로 약을 **조제**해서는 안 된다.

### 조제(調製)
물건을 주문에 따라서 만듦. 또는 조절하여 만듦을 말한다.
> 🖋 주문 제작과 유사하다.

➡ 조제(調劑)는 약사가 약을 만드는 것이 아니고, 환자의 증상에 맞는 약을 고르는 것이기 때문에 '造(만들 조)' 자를 사용하지 않고, 고르는 것을 의미하는 '調(조)' 자를 쓴다.

## 종아리·장딴지

### 종아리
무릎과 발목 사이의 뒤쪽 근육 부분을 말한다.
> 🖋 무릎을 중심으로 다리를 볼 때, 무릎의 바로 아래쪽은 무릎도리, 무릎과 발목 사이의 앞쪽의 뼈가 있는 부분은 정강이, 뒤쪽은 종아리이다.

### 장딴지
종아리의 살이 두두룩한 부분을 말한다.
> 예: 등산을 오래 하면 **장딴지**가 땅긴다.

## 좌우명(座右銘)·좌우명(左右銘)

### 좌우명(座右銘)

늘 자리 옆에 두고 가르침으로 삼는 말이나 문구를 말한다. 한자의 뜻은
자리의 오른쪽에 붙여 놓고 반성의 자료로 삼는 격언이나 경구(警句)를 말한다.

✎ 좌우명의 유래는 다음과 같다. 중국 제(齊)나라 때 환공이 죽자
   묘당을 세우고 각종 제기(祭器)들을 진열해 두었는데, 그중 하나가
   이상한 술독이었다. 기울어진 술독이 술을 반쯤 담으면 바로 섰다
   가 가득 채우면 다시 엎어지는 술독이었다. 훗날 이를 본 공자가
   말했다. "공부도 이와 같다. 다 배웠다고 교만을 부리는 자는 반드시
   화를 당한다." 공자도 똑같은 술독을 만들어 의자 오른쪽에 두고는
   스스로를 경계하고 가다듬었다고 한다. 이처럼 좌우명은 술독에서
   비롯되었다. 술독 좌우명에서 처음으로 문장으로 된 좌우명을 쓴
   사람은 최원(崔瑗, 77-142)이다. 그 글의 첫머리에 "남의 단점을 말
   하지 말고 나의 장점을 말하지 말라(無道人之短 武設己之長)."라고
   적혀 있다고 한다.

### 좌우명(左右銘)

좌우명에서 '좌' 자는 左(왼쪽)가 아닌 座(자리)이다.

# 주관·주최·후원·협찬

## 주관(主管)

어떤 일에 책임지고 맡아 관리함을 말한다. 대개 실무적 업무를 맡는다.

예: 이번 대회는 문화체육관광부가 주최하고, 태권도협회가 **주관**한다.

예: 조선 시대 민화 전시회를 국립박물관 **주관**으로 열린다.

## 주최(主催)

행사나 모임을 주장하고 기획하여 엶을 말한다. 행사에 따르는 책임이 있다.

예: 이번 남북체육대회는 통일부가 **주최**한다.

## 후원(後援)

뒤에서 도와줌을 말한다. 행사를 시행하는 기관이 행사의 공공성, 공익성, 신뢰성을 확보하거나 행사취지에 부합한 재원 확보와 수익을 창출하기 위해, 기업이나 공공기관, 단체 등에 행사 또는 이벤트라는 자산을 이미지 제고와 마케팅 수단으로 활용할 수 있는 권리를 부여하고, 이에 상응하는 현금, 물품, 서비스 등을 제공 받는 행위를 일컫기도 한다.

> 후원업체에 제공되는 권리로는 공식명칭, 로고 및 마스코트 사용권, TV 중계 활용, 인쇄물 광고기획, 표창장 및 입장권 할당 등이 있다.

## 협찬(協贊)

힘을 합하여 도움을 뜻한다. 통상 어떤 일이나 행사에 기업이 현금, 물품, 기타 재정적 지원을 제공하면서, 기업의 이미지나 상품 홍보를 병행하는 것을 말한다.

## 주요·중요

### 주요(主要)[121]

주되고 중요함을 말하며 중심이 되고 중요함을 의미한다. 영어로는 'major', 'main', 'primary'를 의미한다.

예: 백화점의 **주요** 고객은 주부다.

### 중요(重要)

귀중하고 요긴함을 말한다. 영어로는 'important'를 의미한다.

예: 가을 운동회는 우리 학교의 **중요** 행사이다.

## 주인공·장본인

### 주인공(主人公)

연극, 영화, 소설 따위에서 사건의 중심인물. 또는 어떤 일에서 중심이 되거나 주도적인 역할을 하는 사람을 말한다. 드러나지 아니한 관심의 대상을 일컫기도 한다.

예: 그 사람이 얼굴 없는 천사의 **주인공**이다.

예: 청소년은 미래의 **주인공**이다. / 예: 이 낙서의 **주인공**은 누구일까?

### 장본인(張本人)

어떤 일을 꾀하여 일으킨 바로 그 사람을 말한다.

예: 그가 이번에 물의를 일으킨 **장본인**이다.

---

121) 주요와 중요는 유사한 의미이기는 하나, 주요에는 '주장이나 중심이 되다.'라는 의미가 포함되어 있다는 것이 차이점이다. 따라서 중요가 사용될 용례에 주요를 쓰는 것은 가능하지만, 그 반대의 경우에는 성립되지 않을 수 있다.

# 주차·정차

## 주차(駐車)

자동차를 일정한 곳에 세워 둠을 뜻한다. 도로교통법에서는 자동차가 승객을 기다리거나 화물을 싣거나 고장 따위로 정지하여 있는 상태를 말한다. 또 운전사가 자동차로부터 떠나 있어서 즉시 운전할 수 없는 상태를 일컫기도 한다.

예: 불법 **주차**로 과태료가 나왔다.

## 정차(停車)

차가 멎음. 또는 차를 멈춤. 특히 도로교통법에서는 자동차가 5분을 초과하지 않고 멈추어 있는 상태를 말한다.

예: 이번에 **정차**할 곳은 압구정입니다.

## 줄거리·졸가리

### 줄거리

잎이 다 떨어진 나뭇가지. 또는 사물의 군더더기를 다 떼어 버린 나머지의 골자를 의미한다. 잎자루, 잎줄기, 잎맥을 통틀어 이르는 말이기도 하다.

예: **줄거리**만 앙상한 나무들이 있다. / 예: 내가 한 말의 **줄거리**는 이러 합니다.

### 졸가리

잎이 다 떨어진 나뭇가지. 또는 사물의 군더더기를 다 떼어 버린 나머지의 골자를 의미한다. 예전에, 행세하던 문벌이나 집안의 혈통을 비유적으로 이르던 말을 일컫는다. 줄거리의 작은말이다. 작은말이란 실제로는 같은 말이나 표현상의 느낌이 작고, 가볍고, 밝고, 강하게 들리는 말이다.

예: 누렇다 ⇒ 노랗다, 물렁물렁 ⇒ 말랑말랑 등

# 중재자·중개자·중계자

### 중재자(仲裁者)
분쟁에 끼어들어 쌍방을 화해시키는 사람을 말한다.

　　예: 그는 이번 싸움에서 **중재자** 역할을 했다.

### 중개자(仲介者)
다른 사람의 의뢰를 받고 상행위의 대리 또는 매개를 하여 이에 대한 수수료를 받는 사람, 중매인, 판매 대리인 등을 말한다.

　　예: 거래를 쉽게 하도록 도와주는 사람이 **중개자**다.

➡ 중계자는 중간에서 이어 주는 사람. 또는 방송이나 통신을 중계하는 사람을 일컫는다. 경기장이나 국회, 사건 현장 등 방송국 밖의 실제 상황을 중간에서 연결하여 방송하는 사람을 말하기도 한다.

# 지양·지향

### 지양(止揚)
더 높은 단계로 오르기 위하여 어떠한 것을 하지 아니함. 또는 철학에서 변증법의 중요한 개념으로 어떤 것을 그 자체로는 부정하면서 오히려 한층 더 높은 단계에서 이것을 긍정하는 일을 말한다.

　　✎ '피함', '하지 않음'을 뜻하므로, 순화어로 사용하는 것이 바람직하다.

### 지향(志向)
어떤 목표로 뜻이 쏠리어 향함. 또는 그 방향으로 그쪽으로 쏠리는 의지를 말한다.

　　예: 미래**지향**의 생활 태도를 견지한다.

# 진면모 · 진면목

## 진면모(眞面貌)

본디부터 지니고 있는 그대로의 모습을 말한다. 긍정과 부정적 맥락에 다 적용 가능하다. 구체적이고 실체의 모습이다.

> 예: 위급한 상황에서 침착한 그의 **진면모**를 보았다.

> 예: 부모를 폭행하는 등 불효자의 **진면모**가 세상에 드러났다.

## 진면목(眞面目)

본디부터 지니고 있는 그대로의 상태를 말한다. 본디 그대로의 참된 모습이나 내용, 본래 가지고 있는 훌륭하거나 좋은 점으로서의 진짜 모습을 말한다. 주로 긍정적인 맥락에 어울리며 추상적인 개념을 포함한다.

> 예: 공연에서 감독으로서의 **진면목**을 유감없이 보여주다.

> 예: 공연에서 판소리의 **진면목**을 보았다.

# 진술서 · 진술조서 · 신문조서

## 진술서(陳述書)

피고인, 피의자, 참고인이 경찰이나 검찰 등에서 자기의 의사나 사실관계를 본인이 기재한 서면을 말한다.

## 진술조서(陳述調書)

참고인의 진술을 검사 또는 사법 경찰관이 기재한 서류를 말한다.

> ✎ 참고인 진술조서 정보 공개 청구

## 신문조서(訊問調書)[122]

신문 받은 사람의 진술을 주로 하여, 신문의 경위를 기록한 문서를 말한다. 일반적으로 문답형식이다.

예: 증인 **신문조서** 증거능력 / 예: 피의자 **신문조서** 열람

# 진정·탄원

### 진정(陳情)

실정이나 사정을 진술함을 말한다. 개인이 침해받은 권리를 구제 받기 위하여 관계기관에 조치를 요구하는 것을 말한다.

예: 관할구청에 쓰레기매립장 설치 반대에 대한 **진정**을 냈다.

### 탄원(歎願)

사정을 하소연하여 도와주기를 간절히 바람을 뜻한다. 주로 행정처분에 대한 구제를 목적으로 한다.

예: 주택을 강제로 철거하는 것과 관련하여, 시청에 **탄원**서를 전달하였다.

➡ 진정서는 개인이 침해받은 권리를 구제 받기 위해 관계기관에 사정을 진술하여 일정한 조치를 요구하는 목적으로 작성하는 문서형태의 의사 표시이다. 탄원서는 개인이나 단체가 국가나 공공기관 등에 대하여 억울한 사정이나 선처, 혹은 타인에 대한 처분을 바란다는 내용을 담아 호소하는 문서를 말한다.

---

122) 법원, 수사기관 또는 소송 당사자가 증인·반대 당사자·피의자 등에 대하여 질문하고 답변한 사항을 공증하기 위하여 법원이나 기타 기관이 작성하는 공문서를 말한다. 신문조서는 방식을 준수하여 작성되었는가, 그 내용이 무엇인가 등은 뒷날 증거가 된다. 작성자, 기재사항, 방식 등은 각 조서에 관한 법률에 규정되어 있다. 당사자를 신문한 때에는 선서의 유무와 진술내용을 조서에 적어야한다. 『민사소송법 제 371조(신문조서)』

## 질풍·강풍·폭풍·태풍

### 질풍(疾風)

몹시 빠르고 거세게 부는 바람을 말한다. 10분간의 풍속이 초속 8~10.7미터로 부는 바람이고, 잎이 무성한 나무가 흔들리며 바다에서는 물결이 인다.

### 강풍(强風)

세게 부는 바람을 말한다. 10분간의 풍속이 초속 13.9 ~17.1미터로 부는 바람이고, 나무 전체가 흔들리며 바람을 안고서 걷기가 힘든 바람이다.

### 폭풍(暴風)

매우 세차게 부는 바람을 말한다. 10분간의 풍속이 초속 28.5~32.6미터이며, 육지에서는 건물이 크게 부서지고 바다에서는 산더미 같은 파도가 인다.

### 태풍(颱風)[123]

북태평양 서남부에서 발생하여 아시아 대륙 동부로 불어오는 폭풍우를 수반한 맹렬한 열대 저기압이다. 풍속은 초속 17.2미터 이상으로 중심에서 수십km 떨어진 곳이 가장 세다. 보통 7~9월에 내습하여 해난과 풍수해를 일으킨다.

---

123) 바람의 세기에 따라 전 세계적으로 적용하고 있는 보퍼트(Beaufort)풍력계급표가 있다. 0단계(고요, 0~0.2m/s), 1단계(실바람, 0.3~1.5m/s), 2단계(남실바람, 1.6~3.3m/s), 3단계(산들바람, 3.4~5.4m/s), 4단계(건들바람, 5.5~7.9m/s), 5단계(흔들바람, 8.0~10.7m/s), 6단계(된바람, 10.8~13.8m/s), 7단계(센바람, 13.9~17.1m/s), 8단계(큰바람, 17.2~20.7m/s), 9단계(큰센바람, 20.8~24.4m/s), 10단계(노대바람, 24.5~28.4m/s), 11단계(왕바람, 28.5~32.6m/s), 12단계(싹쓸바람, 32.7m/s 이상)로 구분된다.

# 집들이 · 집알이

## 집들이[124]

이사한 후에 이웃과 친지에게 집을 구경시키고 음식을 대접하는 일이다.

예: 친구들을 불러 **집들이**를 했다.

## 집알이

집을 새로 지었거나 이사한 집에 구경 겸 인사로 찾아보는 일이다. 손님의 입장이다.

예: 이사를 한 친구 집에 **집알이**를 간다.

# 징역 · 금고 · 구류

## 징역(懲役)

1개월 이상 죄인이 교도소에 수감되는 형벌이다. 죄인을 교도소 내에 구치(拘置)[125]하여 정역(定役)[126]에 종사하게 하는 형벌을 말하며, 자유형 가운데 가장 무거운 형벌이다.

✎ 형(形)의 종류는 4가지로 구분하는데 생명형, 자유형, 재산형, 명예
형으로 구분한다.

## 금고(禁錮)

1개월 이상 교도소에 수감되는 형벌이나 정역은 부과되지 않는다.

✎ 통상 정치범 사상범 등 비파렴치범에 선고된다.

---

124) 새집에 들거나 이사를 하고 내는 턱으로 집들이와 같은 의미로 '들턱'이라는 말도 있다.
125) 형(形)을 집행하려고 피의자나 범죄자 따위를 일정한 곳에 가두는 것을 말한다.
126) 징역형을 선고받은 재소자에게 주어지는 일정한 작업. 수형자의 연령, 형기, 건강 기술, 성격,
취미, 직업, 장래의 생계 따위의 사정을 참작하여 부과한다.

### 구류(拘留)

피고인 또는 피의자를 1일 이상 30일 미만의 기간 동안 구치소나 교도소 등에 가두어 신체 자유를 구속하는 가벼운 형벌을 말한다.

예: 파출소에서 행패를 부린 죄로 3일간 **구류**처분을 받았다.

## 짜깁기·짜집기

### 짜깁기

직물의 찢어진 곳에 그 감의 올을 살려 본디대로 흠집 없이 짜서 깁는 일. 또는 기존의 글이나 영화 따위를 편집하여 하나의 완성품으로 만드는 일을 말한다.

예: 정장 바지의 해어진 부분에 **짜깁기**를 하다.

예: 학위 논문을 **짜깁기**해서는 안 된다.

### 짜집기

짜깁기의 비표준어다.

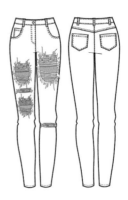

ㅊ

치읏

# 차선·차로

### 차선(車線)

자동차 도로에 주행 방향을 따라 일정한 간격으로 그어놓은 선. 또는 차로를 일상적으로 일컫는 말이다.

> 예: **차선**을 절대로 넘지 않는다.
> 예: 도로 보수공사 차량들이 한 **차선**을 막고 있다.

### 차로(車路)

사람이 다니는 길 따위와 구분하여 자동차가 다니게 한 길. 또는 차가 한 줄로 정하여진 부분을 통행하도록 차선으로 구분한 찻길의 부분을 말한다.

> ✎ 차로는 차선에 의하여 구분되는 차도의 부분이다.

➡ 본래 뜻으로 본다면 운전 중 '차선을 바꾸지 마세요.'는 '차로를 바꾸지 마세요.'로 하고 '1차선으로 가세요.'는 '1차로로 가세요.'로 해야 되나, 차선에도 차로의 뜻이 있어 혼용해도 무방하다.

# 차후·추후

### 차후(此後)

지금부터 이후를 의미한다. 기준이 되는 때를 포함하여 그보다 뒤를 뜻하며, 자동차 수리를 끝낸 후 '차후 이상 있으면 연락주세요.'라는 말에서와 같이 차후는 '앞으로'의 의미가 있다.

> 예: 벌금을 **차후** 5일 이내 납부하세요.
> 예: **차후**에는 이런 실수를 하면 안 된다.

### 추후(追後)

일이 지나간 얼마 뒤를 뜻한다. 추후는 '나중', '다음', '뒤', '이다음'의 의미로 쓸 수 있다.

🖉 추후에 다시 논의하기로 하였다'는 문장에서와 같이 '지금부터'의 의미는 포함되지 않는다.

    예: 경품행사 추첨결과는 **추후**에 알려드립니다.

## 참고·참조

### 참고(參考)

살펴서 생각함. 또는 살펴서 도움이 될 만한 재료로 삼음을 뜻한다. 말이다. 하나를 이해하기 위해 연관된 다른 것을 살피며 생각하는 것을 말한다. 서로 비교하거나 신경 써서 조사한다는 의미가 포함되지 않는다.

    예: 나의 실패 사례는 당신에게 좋은 **참고**가 된다.

### 참조(參照)

참고로 비교하고 대조하여 봄을 뜻한다. 특정한 2개 이상의 물건이나 자료를 서로 비추어 보아 판단하는 것이다.

    예: **참조**할 자료가 많다.

## 참석·참가·참여

### 참석(參席)

모임이나 회의 등의 자리에 나가는 것을 말한다. 단순한 출석의 개념이다.

    예: 선약이 있어 결혼식에 **참석**을 못 한다.

## 참가(參加)

모임이나 단체 또는 일에 관계하여 들어감을 뜻한다.

    예: 올림픽에 두 번이나 **참가**하다.

    예: 이번 세미나에 전 회원들이 **참가**해 주길 바랍니다.

## 참여(參與)

어떤 일에 끼어들어 관계함을 말한다. 참가와 유사하게 사용하나 정치참여, 현실참여 등 추상적인 표현에도 사용한다.

    예: 회원이 아니어도 관심 있는 분의 **참여**를 기대합니다.

    예: 그는 학생운동에 **참여**한 경험이 있다.

➡ 참가와 참여는 둘 다 어떤 일에 관계한다는 점에서 공통점이 있다.

# 천장·천정

## 천장(天障)

지붕의 안쪽. 지붕 안쪽의 구조물을 가리키기도 하고 지붕 밑과 반자[127] 사이의 빈 공간에서 바라본 반자. 또는 반자의 겉면을 일컫기도 한다.

    예: **천장**에 매달린 전등이 번쩍한다.

## 천정(天井)[128]

천장의 비표준어다.

➡ 비슷한 발음의 몇 형태가 쓰일 경우, 그 의미에 아무런 차이가 없고 그중

---

127) 지붕 밑이나 위층 바닥 밑을 편평하게 하여 치장한 각 방의 윗면을 말한다.

128) 물가 따위가 한없이 오를 때 비유적으로 '천정부지(天井)'라고 한다. 우물 정(井)을 쓰고 천장으로 말한다. 그 유래에 대해 명확하지는 않다. 일본어로 천정(天井. てんじょう, 텐조)이 우물처럼 생겼다 하여 생긴 말이라는 견해도 있다.

하나가 더 널리 쓰이면 그 한 형태만을 표준어로 삼는다.(표준어 규정 제 17항)는 규정에 의해 천정이 천장의 비표준어가 되었다.

## 철수·철퇴

### 철수(撤收)
거두어들이거나 걷어치움을 말한다. 군사용어에서는 적과 접촉하고 있는 부대를 다른 지역에서 운용하고자 적으로부터 이탈하는 것을 말한다.

> 예: 개성공단의 기업들이 모두 **철수**하였다.
> 예: 1950년 12월, 흥남 **철수**작전은 성공적이었다.

### 철퇴(撤退)
거두어 가지고 물러남을 말한다. 군사용어에서는 적과 접촉하지 않는 부대를 아군의 후방으로 이동시키는 것을 말한다.

> 예: 군대에서 **철퇴**는 작전의 일환이다.

## 철재·철제

### 철재(鐵材)
상품으로 만들지 않은 상태의 철로 된 재료를 말한다.

> 예: **철재**가 부족하여 공사가 지연되었다.

### 철제(鐵製)
쇠로 만듦. 또는 그런 물건을 말한다.

> 예: 나무 의자보다는 **철제** 의자가 튼튼하다.

# 첩보·정보

### 첩보(諜報)

상대편의 형편을 몰래 알아내어 보고함. 또는 그런 보고를 말한다. 군사에서는 다양한 출처로부터 획득된 처리되지 않은 자료를 말한다. 정보의 생산을 위해 첩보를 수집한다.

예: **첩보**보고의 원칙 중 하나는 보고 들은 것을 그대로 보고한다.

### 정보(情報)

관찰이나 측정을 통하여 수집한 자료를 실제 도움이 될 수 있도록 정리한 지식이나 그 자료를 말한다. 군사에서는 여러 첩보를 분석, 평가하여 얻은, 적의 실정에 관한 구체적인 소식이나 자료를 말한다.

✐ 정보는 첩보를 종합하고 분석, 평가한 결과물이다.

# 체계·체제

### 체계(體系)

일정한 원리에 따라 낱낱의 부분이 짜임새 있게 조직되어 통일된 전체를 뜻한다.

예: 명확한 지휘**체계**를 유지하다.

예: 의료진에 대한 비상연락**체계**를 유지하다.

### 체제(體制)

생기거나 이루어진 틀. 또는 사회를 하나의 유기체로 볼 때에 그 조직이나 양식, 또는 그 상태를 이르는 말이다. 또 일정한 정치 원리에 바탕을 둔 국가 질서의 전체적 경향을 일컫기도 한다.

예: 새로운 지도**체제**가 등장하다. / 예: 자본주의 **체제**가 우월하다.

## 충돌·추돌

### 충돌(衝突)

서로 맞부딪치거나 맞섬을 말한다. 움직이는 두 물체가 접촉하여 짧은 시간 내에 서로 힘을 미침. 또는 그런 현상을 말한다.

　　예: 버스와 화물차가 **충돌**하였다. / 예: 여당과 야당이 **충돌**하였다.

### 추돌(追突)

자동차나 기차 따위가 뒤에서 들이받는 것을 말한다.

　✎ 순화된 용어로 '뒤들이받음'이나 '들이받음'이 있다.

　　예: 트럭이 앞서가던 자동차를 **추돌**하였다.

　　예: 버스가 교각을 **추돌**하였다.

# 친척·인척·친지

## 친척(親戚)

친족과 외척[129]을 아울러 이르는 말을 뜻한다. 또 성이 다른 일가. 즉 고종, 내종, 외종, 이종 따위를 말한다.[130] 법률적으로 친족이라고 하지만 일반적으로 친척이라고 한다. 법률상 친족의 범위는 ① 8촌 이내의 혈족[131], ② 4촌 이내의 인척, ③ 배우자다. (민법 777조) 법률상 인정되는 친족은 부양관계, 상속관계 등 여러 가지 법률상의 권리와 의무를 가지게 된다.

예: 결혼식장에 **친척**들을 모두 초청하였다.

## 인척(姻戚)

혼인에 의해 맺어진 친척을 말한다. 어떤 사람과 그의 혈족의 배우자, 배우자의 혈족, 배우자의 혈족의 배우자 사이의 신분관계를 말한다.

✎ 혈족의 배우자는 형수·계수[132]·매부(妹夫) 등이 있고, 배우자의 혈족은 처남이나 처제, 시숙, 시동생 등이며, 배우자 혈족의 배우자는 동서, 처남댁, 시매부 등이 해당된다.

## 친지(親知)

서로 잘 알고 가깝게 지내는 사람을 말한다.

✎ 명확한 기준은 없으나 일반적으로 친·인척 이외에 서로 잘 알고 친하게 지내는 이웃이나 친분이 있는 선·후배, 직장동료 등을 뜻한다.

---

129) 어머니쪽의 친척을 말한다.
130) 고종은 고모의 자녀, 내종은 고종을 외종에 상대하여 이르는 말이다. 외종은 외삼촌의 자녀, 이종은 이모의 자녀를 말한다.
131) 혈통이 이어진 친척. 또는 법률이 입양 따위에 따라 이와 같다고 인정하는 사람을 말한다.
132) 남자 형제 사이에서 동생의 아내를 이르는 말이다.

# ㅌ · ㅍ

티읕      피읖

## 토의·토론

### 토의

어떤 문제에 대하여 검토하고 협의함. 또는 가장 좋은 결론에 이르기 위해 여러 사람이 의논하는 것을 말한다. 토의는 어떠한 사안에 대해 문제를 해결하는 것이 목적이다.

예: 청소년 문제에 대하여 심층 깊은 **토의**가 있었다.

### 토론

어떤 문제에 대하여 여러 사람이 각자의 의견을 말하며 논의함을 말한다. 토론은 서로 다른 주장을 가지고 있는 사람들이 자기의 주장을 펼쳐, 상대방 혹은 제 3자를 설득하여 문제를 해결하려는 의사소통의 한 방법이다.

예: 사형제도의 존속여부에 대하여 열띤 **토론**을 하였다.

## 팸플릿 · 리플릿

### 팸플릿(Pamphlet)[133]

설명이나 광고, 선전 따위를 위하여 얄팍하게 맨 작은 책자를 말한다. 또 시사 문제에 대한 소논문을 일컫기도 한다.

예: 이번 출판기념회를 위하여 **팸플릿**을 준비한다.

### 리플릿(Leaflet)

설명이나 광고, 선전 따위의 내용을 담은 종이쪽이나 얇은 책자를 말한다. 팸플릿보다 더 간략한 것을 말하며 광고지라고도 한다.

✍ 형태에 따라 2단 리플릿, 3단 리플릿, 4단 리플릿 등이 있다.

## 팻말 · 푯말

### 팻말

패(牌)[134]를 단 말뚝. 또는 주변이나 다른 사람들에게 알리기 위하여 그림을 그리거나 글씨를 써 놓은 네모난 조각을 말한다. 어떤 사물의 이름, 성분, 특징 따위를 알리기 위하여 그림을 그리거나 글씨를 쓰거나 새긴 종이나 나무 등의 조각인 패를 말뚝에 붙이거나 패의 내용을 말뚝에 직접 새긴 것을 말한다.

예: 어머니가 실종 아이의 인적사항을 넣은 **팻말**을 들고 있다.

---

133) 브로슈어(Brochure)는 팸플릿과 유사하지만 기업의 이미지나 브랜드의 이미지를 보여주는 안내 책자로 회사의 역사, 이념, 비전, 방향성에 비중을 두고 고급스러운 재질로 만든다. 또 카탈로그(Catalog)는 선전을 목적으로 그림과 설명을 덧붙여 작은 책 모양으로 꾸민 상품의 안내서이다.

134) 이 '패(牌)'자는 '문패(門牌)', '마패(馬牌)'라고 할 때도 사용된다.

## 푯말

무엇을 표시하기 위하여 세우거나 박은 말뚝을 말한다. 푯말은 표시나 특징
으로 어떤 다른 사물을 다른 것과 구별하기 위하여 세운다.

> 예: 측량기사가 지적도에 있는 경계지점에 **푯말**을 박는다.

> 예: 산 입구에 입산 금지 **푯말**이 보인다.

## 편평 · 평평 · 편편

### 편평(扁平하다)

넓고 평평함. 또는 물체의 위아래나 좌우의 어느 한쪽이 덜 둥글어 길쭉함을
말한다.

> 예: 운동장이 **편평**하다.

### 평평(平平하다)

바닥이 고르고 판판함. 또는 예사롭고 평범함을 말한다.

> 예: 바위가 **평평**하다. / 예: 그 남자의 얼굴은 그저 **평평**하게 생겼다.

### 편편(便便하다)

아무 불편 없이 편안함. 또는 물건의 배가 부르지 않고 번듯함을 말한다.

> 예: 정년퇴직 후 집에서 **편편**히 놀고 있다.

➡ 나는 모양이 가볍고 날쌤. 또는 풍채가 멋스럽고 좋다는 뜻으로는 '편편
(翩翩)하다'를 사용한다.

# 평안감사·평양감사

### 평안감사(平安監司)[135]

조선 시대의 행정구역인 8도 가운데 지금의 평안남도와 평안북도에 해당하는 지역을 맡아 다스리던 으뜸벼슬을 말한다. 현재의 도지사에 해당한다.

✎ 조선 시대의 평안감사는 국가적 지원이 넉넉하고 오가는 사신이나 상인이 많아 경제적 이익도 상당하였다. 또 근무환경이 좋아 많은 관료가 동경하는 자리였다. 이처럼 평안감사는 누가 봐도 좋은 일, 좋은 자리 등을 비유하는 말로 사용되었다. 아무리 좋은 일이라도 당사자가 내키지 않으면 억지로 시킬 수 없다는 뜻으로 "평안감사라도 저 싫으면 그만이다."라는 속담이 있다.

### 평양감사(平壤監司)

평양이라는 말에 익숙하고 평안감사가 있던 감영[136]이 평양이었기 때문인지 평양감사로 쓰는 경우가 있으나 '평안감사'의 잘못된 표현이다.

# 폐소공포증·폐쇄공포증

### 폐소공포증(閉所恐怖症)

꼭 닫힌 곳에 있으면 두려움에 빠지는 강박 신경증을 말한다. 좁은 엘리베이터, 좁은 방 등에 들어가면 견디지 못하고 비명을 지르는 수도 있으며 무의식적으로 도피하려는 현상이 생긴다. 한자로는 폐쇄된 장소라는 의미로 閉所로 쓴다.

예: 비행기 승무원은 **폐소공포증**이 있으면 곤란하다.

---

135) 평안감사는 오늘날 평안도 도지사에 해당한다. 조선 시대 '감사'는 종2품의 벼슬이다. 평양은 '도(道)'가 아니라 전국 5곳의 도호부(都護府) 중 하나였고, 그곳의 수장은 종3품의 '도호부사(都護府使)였다.

136) 조선 시대에 관찰사가 직무를 보던 관아를 말한다.

### 폐쇄공포증(閉鎖恐怖症)

폐소공포증과 폐쇄공포증 모두 혼용한다. 폐소공포증은 심리분야의 전문용어로 올라와 있음을 고려하면, 폐소공포증이 좀 더 공인된 표현이다.

## 폭탄·포탄

### 폭탄(爆彈)

인명 살상이나 구조물 파괴를 위하여 금속 용기에 폭약을 채워서 던지거나 쏘거나 떨어뜨려서 터뜨리는 폭발물을 말한다.

　　예: B1-B Lancer 폭격기가 적 지역에 **폭탄**을 투하했다.

### 포탄(砲彈)

대포의 탄알을 말한다. 자주포, 박격포 등으로 쏘아 폭발시킨다.

　　예: 연평도 부대원들은 K-9 자주포로 수십 발의 **포탄**을 퍼부었다.

## 플래카드·현수막·배너·피켓

### 플래카드(Placard)

긴 천에 표어·구호·광고·주장 따위를 적어 양쪽을 장대에 매어 높이 들거나 길 위에 일정한 곳에 달아 놓은 표지물을 말한다.

　　예: 방문을 환영하는 **플래카드**가 걸렸다.

### 현수막(懸垂幕)

극장 따위에 드리운 막. 또는 선전문, 구호문 따위를 적어놓은 막을 일컫는다.

　　✐ 국립국어원에서는 현수막의 형태와 관계없이, 긴 천에 표어 따위를
　　　적어 양쪽을 장대에 매어 높이 들거나 길 위에 달아 놓은 표지물인
　　　플래카드는 현수막으로 순화하여 사용하도록 권장하고 있다.

## 배너(banner)

알리고자 하는 사실을 적어 놓은 막. 또는 웹페이지 화면에 나타나는 작은 사각형 형태의 알림창을 말한다. 플래카드와 유사하지만 고정시키기보다는 휴대하여 가지고 다닌다.

예: 과도한 **배너**는 홍보 효과는커녕 소비자들에게 짜증을 유발한다.

## 피켓(picket)

어떤 주장을 알리기 위하여 그 내용을 적어서 다니는 자루 달린 널빤지를 말한다. 노동쟁의 때에, 내부에 변절자가 생기지 아니하도록 하기 위하여 노동자 측에서 내보내는 감시인을 말하기도 한다.

예: **피켓**을 들고 선수단이 입장한다.

➡ 현재 우리나라에서 사용하고 있는 외래어인 플래카드나 배너, 피켓은 영어의 원래 뜻과는 다르게 쓰이고 있다. 플래카드(Placard)는 시위나 응원을 할 때 손에 드는 팻말이나 종이 혹은 표지판을 말하고, 배너는 현수막을 뜻하며, 피켓은 '팻말을 들고 시위하다'의 동사형으로 쓰이거나, 노동 쟁의 때 다른 사람이 공장에 일하러 들어가지 못하도록 막는 사람, 감시원의 뜻으로 쓰이기도 한다.

## 피의자 · 피고인 · 피고

### 피의자(被疑者)

죄를 범한 혐의로 수사기관의 수사대상이 되어 있는 자로서, 아직 공소(公訴)[137]가 제기되지 않은 자를 말한다.

예: 경찰서에 도착해서 정식 **피의자**로서 조서를 받았다.

### 피고인(被告人)

형사 소송에서, 검사가 범죄를 범하였다고 인정하여 법원에 공소 제기한 결과 법원에서 그 유죄 여부를 심리 받고 있는 사람을 말한다.

예: (형사 소송에서) **피고인**에게 벌금 3,000,000원에 처한다.

### 피고(被告)

민사 소송에서 소송을 당한 측의 당사자를 말한다.

예: (민사소송에서) **피고**는 원고에게 금 3,000,000원을 지급한다.

➡ 원고(原告)는 민사 소송을 제기한 사람을 말하며, 용의자(容疑者)는 범죄의 혐의가 뚜렷하지 않아 정식으로 입건되지는 않았으나, 내부적으로 조사의 대상이 된 사람을 말한다. 수형자(受刑者)는 형벌을 받았거나 받고 있는 사람을 말하며 기결수(旣決囚)와 같다.

형사소송(피해자/검사 → 피의자, 피고인), 민사소송(원고 → 피고)에 따라 용어가 달라진다.

---

137) 검사가 형사사건에 대하여 법원의 재판을 청구하는 것을 말한다.

# 피난·피란

### 피난(避難)

재난을 피하여 멀리 옮겨가는 것. 또는 전쟁 자연재해 등의 재난을 피해 멀리 도망감을 말한다.

    예: 홍수로 인해 마을 사람들이 **피난**을 떠났다.

### 피란(避亂)

난리를 피하여 옮겨가는 것을 의미한다. 전쟁과 관련된 맥락에 주로 쓰인다.

    예: 전쟁으로 마을 사람들이 **피란**을 떠났다.

# ㅎ

히읗

## 학원(學院)·학원(學園)

### 학원(學院)
일정한 목적, 교과과정, 설비, 제도 및 법규에 의하여 학생에게 교육을 실시하는 기관. 또는 학교설치기준의 여러 조건을 갖추지 아니한 사립교육기관을 말한다. 교과과정에 따라 지식, 기술, 예·체능 교육을 행한다.
> 예: 동네 영어**학원**, 미술**학원**, 운전면허 **학원** 등이 있다.

### 학원(學園)
학교 및 기타 교육기관을 통틀어 이르는 말. 또는 학교 안에 만들어 놓은 정원이나 논밭을 일컫는다.
> ✎ 학원(學園)은 중학교와 고등학교, 대학 등 복수의 학교를 소유한
>    사학재단의 명칭으로 사용하는 경우가 많다.

## 한목·한몫

### 한목
한꺼번에 몰아서 함을 나타내는 말이다.
> 예: 사랑과 주목을 **한목**에 받는다.

### 한몫
한 사람 앞에 돌아가는 배분. 또는 한 사람이 맡은 역할을 말한다.
> 예: 이번 일이 잘 되면 **한몫** 챙길 수 있다.
> 예: 사회에서 **한몫**을 담당하다.

# 항공기·비행기

## 항공기(航空機)

항공에 사용하는 비행기(고정익)[138], 비행선[139], 활공기[140], 회전익항공기[141] 및 그 밖에 대통령령으로 정한 모든 기기를 말한다.

✎ 모든 비행기는 항공기이지만 모든 항공기가 비행기는 아니다.

## 비행기(飛行機)

동력으로 프로펠러를 돌리거나 연소가스를 내뿜는 힘을 이용하여 공중으로 떠서 날아다니는 항공기를 말한다. 항공기의 한 종류이며 일반 여객기를 포함하여 고정익 항공기를 비행기라 한다.

✎ 헬리콥터는 항공기이지만 비행기는 아니다.

➡ 항공기의 범위에는 계류기구, 자유기구, 비행선, 활공기(글라이더), 행글라이더, 고정익 항공기, 회전익 항공기(헬기), 우주선[142] 등을 포함한다.

---

138) 고정익은 항공기 동체에 고정되어 있는 날개라는 뜻이다. 일반 여객기, 군 전투기가 여기에 해당된다. 고정익 항공기가 비행기이다.

139) 큰 기구 속에 공기보다 가벼운 헬륨이나 수소 따위의 기체를 넣고 그 뜨는 힘을 이용하여 기관의 조종으로 공중을 날아다니도록 만든 항공기를 말한다.

140) 비행기와 같은 고정 날개를 가진 항공기이지만, 자체에 엔진과 프로펠러나 제트 같은 추진장치를 가지고 있지 않고 바람의 에너지나 기기 중력의 전진 성분을 추력으로 삼아 비행하는 항공기를 말한다.

141) 헬리콥터를 말한다.

142) 대통령령에 의거 우주선을 항공기로 분류하고 있다. 지구 대기권 밖의 우주 공간으로 날아다니는 유인, 무인 비행체의 총칭으로 우주선(manned space vehicle, 사람이 타고 있는 것), 우주탐사기(space probe, 무인우주선), 인공위성(artificial satellite, 지구를 도는 것), 인공혹성(artificial planet, 태양을 도는 것), 인공성(artificial star, 은하계 공간으로 나가는 것)으로 구분한다.

# 항소·상고·항고·상소

## 항소(抗訴)

하급법원에서 받은 제일심의 판결에 불복할 때 그 파기 또는 변경을 직접 상급법원인 고등법원 또는 지방법원 합의부에 신청하는 일을 말한다.

예: 그는 1심에서 패소하여 **항소**를 하기로 했다.

## 상고(上告)

항소심의 판결 즉 제2심판결에 대한 불복신청이다. 제1심판결에 대해서도 이른바 비약상고[143]가 인정되어 있으므로 예외적으로 제1심판결에 대한 상고도 포함된다.

🖉 상고도 상소의 일종이다. 당사자의 구제도 목적이 있지만, 상고심의 주된 사명은 하급법원의 법령 해석·적용의 통일을 기하는 것이다.

## 항고(抗告)

판결이 아닌 결정과 명령[144]에 대한 불복절차를 말한다. 당사자 또는 제3자가 위법임을 주장하고 상급법원에 그 취소나 변경을 구하여 불복 상소를 함.[145] 또는 그런 절차를 말한다. 항고(지방법원→고등법원)와 재항고(고등법원→대법원)가 있다.

🖉 항고를 기각하는 처분에 불복하는 항고인은 대법원에 재항고 할 수 있다.

---

143) 형사소송법에서는, 법령해석에 관한 중요한 사항을 포함한다고 인정되는 사건에 관하여 제1심 판결에 대하여 직접 상고하게 하는 일을 말한다. 법령·해석의 통일을 위하여 제2심을 생략한 제도라 할 수 있다.

144) 소송의 종결 전(즉. 종국판결 전) 법원이 하는 재판을 의미하는데, 보통은 절차와 관련된 재판을 의미한다. 법원은 소송이 진행되는 도중에 다양한 결정을 할 수 있다. 이 결정이나 명령이 부당 할 수도 있다. 이 경우 당사자는 결정에 불복하여 상급법원에 상소를 제기할 수 있다. 이를 '항 고(지방법원→고등법원)', '재항고(고등법원→대법원)'라 한다.

145) 성질에 따라 즉시항고와 보통항고로 나누고 심급에 따라 최초항고, 재항고로 나눈다.

### 상소(上訴)

하급 법원의 판결에 따르지 않고 상급 법원에 재심을 요구하는 일을 말한다. 종국 판결에 대하여 항고와 상고가 인정되고, 결정 및 명령에 대하여 항고·재항고·특별항고[146]가 인정된다.

🖉 상소는 항소, 상고, 항고를 모두 포함한다.

## 해제·해지

### 해제(解除)

설치하였거나 장비한 것 따위를 풀어 없앰. 또는 묶인 것이나 행동에 제약을 가하는 법령 따위를 풀어 자유롭게 함, 책임을 벗어서 면하게 함을 이른다. 법률용어로는 유효하게 성립한 계약의 효력을 당사자의 일방적인 의사표시에 의하여 소급(遡及)[147]으로 해소함을 말하기도 한다.

🖉 계약해제는 이전과 같은 상태로 돌려놓는 것을 말한다. 전세를 계약하고 난 뒤 계약을 해제한다고 할 때, 계약금을 준 사람은 계약금을 포기하고, 계약금을 받은 사람이 계약을 해제할 시는 두 배로 물어줌으로써 계약 이전 상태로 돌아간다.

### 해지(解止)

계약 당사자 한쪽의 의사표시에 의하여 계약에 기초한 법률관계를 말소하는 것을 말한다. 계약의 효력을 장래에 대하여 소멸케 하는 행위를 말한다.

➡ 월 단위 임대차계약을 한 상태에서, 임대주택에 들어가기 전에 불가피한 사정이 생겨 살지 못하게 된 경우라면 계약의 해제가 된다. 임대주택에 6개월

---

146) 일반적인 절차로는 불복 신청을 할 수 없는 결정이나 명령에 대하여, 특별한 경우에 대법원에 하는 항고를 말한다. 헌법이나 법률의 적용에 위반이 있을 때에 한하여 할 수 있다.
147) 과거에까지 거슬러 올라가서 미치게 함을 말한다.

살고 있는 도중에 사정이 생겨 집을 빼겠다고 하면 미래의 계약이 소멸됨으로 해지가 된다.

예: 집을 사게 되어, 월세 계약을 **해지**하였다.

## 해약금·위약금

### 해약금(解約金)

계약을 체결할 때에 그 계약을 해제할 권리를 갖는다는 뜻으로 상대편에게 주는 돈을 말한다. 계약금을 준 자는 그것을 포기함으로써, 받은 자는 그 배액(倍額)을 상환함으로써 계약을 해지할 수 있다.

✐ 민법에서 계약금은 원칙적으로 해약금의 성질을 가진다.

### 위약금(違約金)

채무를 이행하지 않을 경우, 채무자가 채권자에게 손해 배상 또는 제재(制裁)로서 지급할 것을 미리 약속한 돈을 말한다.

✐ 계약을 체결할 때 계약을 위반하면 일정한 금액을 채권자에게 지급한다는 내용을 미리 약속하는 경우의 금전을 위약금이라 한다. 매수자가 계약을 파기한 경우에는 매도자가 받은 계약금이 곧 위약금이 되며, 반대로 매도자가 계약을 파기한 경우 계약금 외에 추가 금액(배액 배상)을 매수자가 받게 되는데, 이것이 위약금이다.

## 햇빛·햇볕·햇살·햇발

### 햇빛

해의 밝은 빛. 또는 세상에 알려져 칭송받는 것을 비유적으로 이르는 말을 일컫는다.

예: 이슬이 **햇빛**에 반사되다. / 예: 그의 소설은 살아생전에 **햇빛**을 보지 못했다.

**햇볕**

해가 내리쬐는 따뜻한 기운. 태양의 온기나 열기를 말한다.

　　예: 남쪽 창가에는 **햇볕**이 비춰 따뜻하다.


**햇살**

해에서 나오는 빛의 줄기. 또는 그 기운을 말한다.

　　예: 따가운 여름**햇살**이 내리쬐다.


**햇발**

사방으로 뻗친 햇살을 말한다. 햇귀라고도 한다.

　　예: 눈부신 아침 **햇발**이 사방으로 퍼지다.


## 허가 · 허락

**허가(許可)**

행동이나 일을 하도록 허용함을 말함. 또는 법령에 의해 일반적으로 금지되어 있는 행위를 행정기관이 특정한 경우에 해제하고 적법하게 행할 수 있도록 한 행정처분을 말한다.

　　예: 감독자의 **허가** 없이는 취재를 할 수 없다.


**허락(許諾)**

청하는 일을 하도록 들어줌을 뜻한다. 허가와 허락은 비슷한 말이지만 동의어는 아니다.

　🖉 허락의 뜻에는 법률 전문용어로 쓰이는 허가의 의미는 없다.

# 헬리패드·헬리포드·헬기장

### 헬리패드(helipad)

회전익 항공기(헬기)가 이·착륙할 수 있는 장소로서 완전한 시설을 갖추지 않은 소규모 착륙장을 말한다. 산 정상, 건물옥상의 헬기장이 해당된다.

✎ 헬리패드에는 정비나 조명, 연료보급 시설 등이 없는 경우가 많다.

### 헬리포드(helipod)

회전익 항공기(헬기)가 이·착륙할 수 있는 장소로서 헬기를 운영할 수 있는 제반 시설물을 갖춘 주둔지 착륙장을 말한다. 군의 헬기부대 등이 해당된다.

✎ 헬리포드는 정비, 조명, 연료보급시설 등 비행장의 기능과 같다[148].

### 헬기장(helicopter機場)

헬기가 산 정상이나 건물 옥상에 이·착륙할 수 있는 곳(헬리패드)과 헬기가 이·착륙을 하도록 여러 가지 시설을 갖추어 놓은 곳(헬리포드)을 통칭하여 헬기장이라고 한다.

✎ 산 정상에 있는 헬기장은 전문용어로 헬리패드이다.

---

148) 헬리콥터는 수직에 가깝게 이륙과 착륙을 할 수 있다. 그러나 항공기의 자체중량, 탑승화물 중량, 연료의 충만 상태, 기압 등 여러 가지 이유로 활주 이륙을 할 때가 있다. 따라서 비행기가 이륙하는 정도의 길이는 아니더라도 최소한의 활주로가 필요하다. 때로는 이륙 후에도 전진하면서 고도를 취한다. 이러한 헬기를 운용하기 위해서는 규정된 공간과 보급, 정비, 조명, 보안시설 등 각종 운용시설 등을 갖추어야 한다. 이러한 영구적 시설을 갖추고 있는 곳이 헬리포드이다.

## 혈혈단신·홀홀단신

### 혈혈단신(孑孑單身)

의지할 곳 없이 오직 자신뿐인 외롭고 고독한 사람을 말한다. 孑(혈)은 외롭
다는 뜻을 가진 한자어로 '孑孑'은 외롭고 힘들다는 의미가 담겨 있다.

예: 그는 **혈혈단신**으로 월남하였다.

### 홀홀단신

孑孑單身을 자자단신으로 읽거나 홀홀단신으로 잘못 사용하는 경우가 있으나
'혈혈단신'이 올바른 표현이다.

✎ '孑(혈)' 자와 자형이 비슷하여 주의해서 사용해야 할 한자로는

孑(자), 了(료), 予(여), 孒(궐)자가 있다.[149]

---

149) 孑(혈), 子(자), 了(료), 予(여), 孒(궐)의 쓰임은 혈혈단신(孑孑單身), 자녀(子女), 수료식(修了式), 여(予:
나 자신을 문어적으로 이르는 말 또는 '미리'와 '먼저'를 뜻하는 '豫'의 속자), 궐(孒: 짧다, 왼팔이 없다, 장구
벌레의 뜻) 등으로 쓰인다.

# 호랑이·범

### 호랑이(虎狼이)

고양잇과의 포유류. 또는 몹시 사납고 무서운 사람을 비유적으로 이르는 말
이다.

> ✎ 호랑이 몸의 길이는 2미터 정도이며, 등은 누런 갈색이고 검은 가로
> 무늬가 있으며 배는 흰색이다. 삼림이나 대숲에 혼자 또는 암수 한
> 쌍이 같이 사는데 시베리아 남부에서 인도, 자바 등지에 분포한다.
>
> 예: **호랑이** 선생님

### 범

호랑이의 순우리말이다.

> 예: 하룻강아지 **범** 무서운 줄 모른다.

# 호송·후송

## 호송(護送)

목적지까지 보호해 운반함. 또는 전시에, 군함이 수송선이나 상선을 따라가며 보호하는 일을 말한다. 죄수나 형사피고인을 어떤 곳에서 목적지로 감시하면서 데려가는 일을 일컫기도 한다.

예: 현금을 수송할 때 경찰에 **호송**을 요청한다.

## 후송(後送)

적군과 맞대고 있는 지역에서 부상자, 전리품, 포로 등을 후방으로 보내는 일. 또는 뒤에 보냄을 뜻한다.

예: 부상자 **후송**은 전투의 승리만큼 중요하다.

# 호수·저수지·웅덩이·연못

## 호수(湖水)

땅이 우묵하게 들어가 물이 괴어 있는 곳을 말한다. 대체로 못이나 늪보다 훨씬 넓고 깊다. 자연호와 인공호로 구분한다. 우리나라는 지각변동이나 화산 활동이 적어 자연적인 호수는 많지 않다.

예: 일산 **호수**공원처럼 도심지에 사람들의 휴식처로 인공**호수**를 만든다.

## 저수지(貯水池)

물을 모아 두기 위하여 하천이나 골짜기를 막아 만든 큰 못을 말한다. 관개[150], 상수도, 수력발전, 홍수 조절 등에 활용한다.

---

150)  관개(灌漑): 농사를 짓는 데에 필요한 논밭에 물을 대는 것을 말한다.

## 웅덩이

움푹 파여 물이 괴어 있는 곳을 말하며 늪보다 훨씬 작다.

　　예: 비가 많이 와서 곳곳에 **웅덩이**가 생겼다.


## 연못(蓮못)

연꽃을 심은 못. 또는 넓고 오목하게 팬 땅에 물이 괴어 있는 곳을 말한다.

　　예: 앞마당에 있는 **연못**에 잉어가 살고 있다.


# 호주머니·주머니

### 호주머니(胡주머니)

옷의 일정한 곳에 헝겊을 달거나 옷의 한 부분에 헝겊을 덧대어 돈, 소지품 따위를 넣도록 만든 부분을 말한다. '호'는 오랑캐 호(胡)를 뜻한다. 우리 고유의 옷에는 주머니를 직접 붙이지 않고 따로 주머니를 만들어 차고 다녔다. 그래서 북방 계통의 중국 옷을 본떠서 덧기운 주머니를 호주머니라고 하게 되었다.

　　✐ 중국에서 건너오거나 유래되었다는 의미로 '호(胡)' 자가 붙은 말로는
　　　호떡, 호밀, 호콩(땅콩), 호고추 등이 있다.[151]


### 주머니

자질구레한 물품 따위를 넣어 허리에 차거나 들고 다니도록 만든 물건. 또는 무엇이 유난히 많은 사람을 비유적으로 이르는 말이다. 현재는 호주머니의 뜻으로도 쓰인다.

　　예: 신발**주머니**를 들고 다닌다. / 예: **주머니**에 손수건을 넣다.

　　예: 그 사람은 늘 근심**주머니**를 달고 다닌다.

---

151) 양파, 양말, 양배추, 양품점 등 서양에서 들어온 물건 등의 이름 앞에는 '양(洋)' 자가 붙고, 중국에서 들어온 물건에는 '호(胡)' 자가 붙는다. 당나라에서 유입된 것으로는 당면, 당나귀, 당나발 등이 있다.

# 호텔·모텔

## 호텔

시설이 잘 되어있고 규모가 큰 고급 숙박업소를 말한다. 관광객들에게 숙박을 제공하고 레스토랑, 수영장, 스파, 회의장 등과 같은 다른 서비스나 시설 등을 제공하는 곳이다.

> 여관·모텔 등 일반 숙소는 호텔, 종전의 호텔은 관광호텔로 분류하여 관광진흥법(문화체육관광부)에 근거하여 관리한다.

## 모텔[152)

자동차 여행자가 숙박하기에 편하도록 만들어 놓은 여관을 말한다.

> 모텔은 자동차(Motor)+호텔(Hotel)의 합성어이다. 관광호텔을 제외한 일반 호텔 등은 공중위생법(보건복지부)에 근거하여 관리한다.

# 혼동·혼란·혼돈

## 혼동(混同)

구별하지 못하고 뒤섞어서 생각함. 서로 뒤섞이어 하나가 됨을 뜻한다.

> 예: 누가 형인지 동생인지 **혼동**이 된다.

## 혼란(混亂)

뒤죽박죽이 되어 어지럽고 질서가 없는 것을 말한다.

> 예: 사회**혼란**, 정치적 **혼란**, 가치관의 **혼란** 등으로 쓰인다.

---

152) 1999년 공중위생법이 개정되면서 여인숙, 여관, 모텔 등의 숙박업소가 '호텔'이라는 명칭을 쓸 수 있게 됐다. 종전의 고급호텔들은 '관광호텔'로 분류되고 대실 영업이 금지되는 것이 특징이다. 관광호텔로 허가를 받으려면 객실이 30개 이상이면서 각 객실의 면적이 5.7평, 욕실이 0.97평

## 혼돈(混沌)

마구 뒤섞여 갈피를 잡을 수 없음. 또는 그런 상태를 말한다.

> 예: 오늘날 가치관의 **혼돈** 속에서 살고 있다.
>
> 예: 극심한 **혼돈**의 시대, 사회**혼돈**과 무질서, 나라가 혼란과 **혼돈**상태
>   로 빠짐.

➡ 혼동은 헷갈릴 만한 비교 대상이 있을 때 주로 쓰이고, 혼란과 혼돈은 동의어는 아니지만 유사한 의미로 사용되고 있다.

# 홀몸·홑몸

### 홀몸

배우자나 형제가 없는 사람을 일컫는다.

> 예: 그 아이는 가족들의 교통사고로 **홀몸**이 되었다.

### 홑몸

딸린 사람이 없는 혼자의 몸. 또는 아이를 임신하지 않은 몸을 말한다.

> 예: **홑몸**도 아닌데 조심하세요.

➡ 홀몸에서 '홀'은 홀로 獨(홀로 독, 중세 국어에서는 '올'에서 기원되었다.)의 뜻으로 '홀아비', '홀로서기' 등에서와 같이 사용된다. 홑몸에서 '홑'은 짝을 이루지 않거나 겹이 아닌 것을 뜻하는 '單(단)'[153]의 의미로 홑이불에서 '홑'과 같이 사용된다.

---

이상이어야 한다. 객실 이외 조식 제공. 외국어가 가능한 직원. 각종 부대시설을 갖추어야 하며, 이에 대한 등급심사를 3년마다 받는다. 일반호텔은 등급이 없지만, 관광호텔은 '특1급, 5성급' 등의 등급이 정해진다. 일반호텔은 보건복지부, 관광호텔은 문화체육관광부에서 관리한다.

153) 單(단)'자는 單數(단수), 單一候補(단일후보) 등과 같이 쓰여진다.

## 횡령·배임

### 횡령(橫領)

공금이나 남의 재물을 불법으로 차지하여 갖는 것을 말한다.

예: 은행원이 공금**횡령**으로 구속되었다.

### 배임(背任)

주어진 임무를 저버림을 말한다. 주로 공무원 또는 회사원이 자기의 이익을 위하여 그 임무에 위배되는 행위를 함으로써, 국가나 회사에 재산상의 손해를 주는 경우를 말한다.

예: 공무원이 **배임**행위를 하여 구속되었다.

## 효과·효율

### 효과(效果)

어떤 목적을 지닌 행위에 의하여 드러나는 보람이나 좋은 결과를 말한다.

예: 같은 약재라도 사람의 체질에 따라 **효과**가 다르다.

### 효율(效率)

들인 노력과 얻은 결과물의 비율. 또는 기계의 일한 양과 공급되는 에너지와의 비율(比)를 말한다.

예: 장비를 투입하는 것이 **효율**적이다.

일목요연하게 정리되어 땅속에서 진주를 발견한 기분이다. 한 사람이 열권의 책을 읽는 것보다 열 사람이 읽고 나누면 더 큰 배움을 얻는다는 말이 있다. 자녀들이나 손자들에게 읽을 기회를 준다면 큰 도움이 될 것 같다.

― 이태희(前(전) ROKA 조종사, 항공대대장)

단순한 단어의 비교라고 생각했는데 우리말의 깊이에 대해 다시 생각하는 계기가 되었다. 진정한 훌륭함은 다른 사람보다 앞서가는 것에 있지 않고, 과거의 자신보다 한 걸음 앞서 가는 것이라고 한다. 이 책을 읽는 모든 사람은 어제보다 나은 오늘과 내일이 될 것을 확신한다.

― 오인식(前(전) 육군항공학교 교수부장, 항공단장)

한편은 찾거나 잡으려 하고 다른 한편은 숨거나 피하려고 하는 게 숨바꼭질이다. 확실하게 알지 못하는 지식도 이와 같아서 헷갈리게 한다. 어찌 이런 단어들을 모아서 한 권으로 엮을 생각을 했을까? 신통하다. 찬찬히 읽어보니 더욱 새롭고 즐거웠다.

― 박연수(前(전) 교육사령부 전투교리처장)

반드시 읽어야 된다는 생각으로 읽는 책은 결코 좋은 친구가 되지 못한다. 또 책의 모든 페이지에 의미가 있을 것이라고 생각하는 것도 착각이다. 옆에 두었다가 부담 없이 읽기에 제격이며, 가벼운 이야기 소재가 되기도 하여 주변 사람들과 소통하는 데 필요한 책이라고 본다.

― 최중현(前(전) ROKA 헌병대장)

갈수록 편리함과 간편함을 추구하는 시대에 살고 있는 탓도 있으리라. 스마트폰이나 컴퓨터 화면 대신, 책을 펼치고 종이 위에서 제대로 숨을 쉬는 듯한 글자들에 밑줄을 그으며 배우는 즐거움이 쏠쏠하다. 평소 헷갈렸던 말들이 머릿속에 쏙쏙 정리되는 쾌감이라니! 새삼 우리말의 바다가 넓고 깊다는 것을 깨달으며, 그 맛과 멋을 헤엄치는 기쁨 또한 만만치 않다. 우리말을 모국어로 살아가는 자긍심을 걸고, 건강한 언어생활에 요긴한 약으로 쓰이는 상비 '책'으로 삼을까 한다.

— 김혜영(前(전) 일본 동경 한국어 강사)

요즘 젊은이들의 대화를 들어보면 어른들이 못 알아들을 말이 너무도 많다. 우리말의 오용 실태가 심각하다는 지적과 우려가 커질수록 방송과 인터넷의 영향으로 잘못된 말이 늘어나는 게 현실이다. 사명감을 가지고 우리말 사랑에 주체적 참여자로 나선 저자의 용기와 열정에 박수를 보낸다.

— **박영회**(㈜, 신한시스템 고문)

집안 책꽂이에 오와 열을 맞춰 기립한 책은 군대의 사열식 행사를 연상케 한다. 공간을 횡단하며 자유롭게 널린 책은 백사장에 누운 자유로운 영혼을 생각하게 한다. 시간, 장소와 관계없이 짬짬이 함께할 수 있는 책이다. 우리말을 지키는 데 큰 역할을 하리라 기대한다.

— **황광모**(KMNET 대표)

지금까지 공부하면서도 찾지 못한 소중한 지식을 얻었다. 단어 하나하나의 뜻을 깊이 있게 알게 되었고, 또 알고는 있었지만 정확히 몰랐던 내용도 많았다. 평소 궁금했던 것이 모두 해결되었다. 배움(學)의 즐거움을 알게 해 준 책이다.

— **박종범**(국기원 교육분과위원장, 9단)

옛말에 책 읽기 좋은 장소가 있다고 한다. 침상(枕上), 마상(馬上), 측상(廁上, 화장실)이 그것이다. 책을 읽고자 하는 마음이 있다면 장소쯤이야 문제일까? 요즘 마상독서는 할 수 없으니 출근길 독서라고 해야 하나? "출근길 독서에 딱 좋아!, 측상 독서에 딱 좋아!"

— **정한솔**(콜롬비아 육군사관학교 태권도교관)

언어의 유희와 인터넷에 거짓 정보가 판치는 세상! 역사서를 편찬하고 많은 글을 감수하는 일상 속에서도 친구와도 같은 책을 만났다. 내 업무용 책상에 늘 함께할 수 있는 책이다.

— **박균용**(군사편찬연구소, 군사학박사)

유구한 역사와 함께해 온 우리의 말과 글은 세계 속에서도 그 우수성을 인정받고 있다. 우리나라의 국력신장과 문화 확산에 발맞추어 세계의 모든 사람이 우리말을 배우고 있다. 이 책은 생활 속에서 정확히 모르고 있는 말들을 구체적으로 비교 설명해 주어 누구에게나 유용한 책이 될 것이다.

— **황인근**(충남 국악관현악단 예술감독 겸 상임지휘자, 음악학박사)

비슷하면서도 다른 우리말에 대해 누구나 궁금증을 가진 적이 있을 것이다. 이 책을 통하여 풍성한 언어생활은 물론 또 다른 세상을 이해할 수 있는 좋은 기회가 되었다.

— 이상배(시인, 주 동인물류 대표)

한국어를 배우기 위한 외국인 학습자가 증가하는 이 시기에 교수 현장에서 부교재로 활용할 수 있는 좋은 책이다.

— 홍희종(한국어 강사)

생애에서 몇 번이고 되풀이 하여 읽을 수 있는 한 권의 책을 가진 사람은 행복한 사람이다. 여러 권의 책을 가진 사람은 보다 많은 행복을 가진 사람이다. 여러분에게도 이 책이 작은 행복을 주는 책이 됐으면 한다.

— 최종원(국기원 격파분과위원장)

한 사람이라도 돌무더기를 보고 대성당을 떠올렸다면, 그것은 더 이상 돌무더기가 아니다. 진정으로 공부하는 사람은 학생만이 아니라는 것을 새삼 느끼게 되었다. 책상머리에 두고 항상 가까이할 수 있는 책을 얻게 되어 기쁘다.

— 손영종(합. 성림건설 대표)

여행은 서서 하는 독서이고, 독서는 앉아서 하는 여행이다. 많은 경험 가운데 가장 행복한 일은 읽은 책을 다시 읽는 것이다. 많은 사람에게 다시 읽히는 책이 됐으면 한다.

— 황유선, 최혜주, 최은정(연우)

## 도움 주신 분들

▶ 본문 책임감수
  - 김혜영(前(전) 일본 동경 한국어 강사, 이화여자대학교 국어국문학과 졸업)
▶ 감수
  - 고태식(특수전사령부, 대령, 행정학 박사)
  - 김광민(육군 교육사령부 교관, 예비역 중령)
  - 박연수(前(전) 육군교육사령부 교리처장, 예비역 대령)
  - 이명순(국군간호사관학교 졸업, 실버홈 원장)
  - 이영석(우석대학교 교수, 군사학박사)
  - 이은수(법무법인 천지인, 전 육군 준장, 국방부 고등군사법원장)
  - 진용우(경상국립대학교 교수, 문학박사)
▶ 추천 / 지도
  - 김슬옹(세종국어문화원 원장, 훈민정음학박사, 국어교육학박사)

## |참고문헌|

국립국어원 〈표준국어대사전〉 2020.

권오운 〈우리말 소반다듬이〉 문학수첩 2011.

권오운 〈시인들이 결딴낸 우리말〉 문학수첩 2018.

김경희 〈혼동하기 쉬운 바른 우리말 쓰임〉 아테나 2011.

김나미 〈100명 중 98명이 틀리는 한글맞춤법〉 나무의 철학 1985.

김슬옹 〈그걸 말이라고 하니〉 다른우리 1999.

나인수 〈내가 이걸 읽다니〉 유노북스 2017.

남영신 〈남영신의 한국어용법. 핸드북〉 모멘토 2005.

네이버국어사전 〈https://dict.naver.com〉.

김석득 외 〈당신은 우리말을 얼마나 아십니까〉 샘터 1991.

박용수 〈겨레말 갈래 큰 사전〉 서울대학교 출판부 1993.

박인환 〈실용 국어중심의 바른 우리말〉 세계일보 1993.

박일환 〈우리말 유래사전〉 유리교육 1994.

배우리 〈사전따로 말따로〉 토담 1994.

서재원 〈바로 쓰는 우리말 아름다운 우리말〉 한길사 1994.

성재훈 〈성재훈의 우리말 편지〉 뿌리와 이파리 2007.

심택월 〈우리말을 알다〉 지식공감 2018.

유광종 〈유광종의 지하철 한자여행〉 책밭 2016.

원영섭 〈틀린 말 바른 말〉 참이슬 2002.

안재윤, 김고은 〈아침을 깨우는 한자〉 어바웃어북 2012.

이무섭 〈한자에서 국어의 神 난다〉 글로세움 2012.

이수열 〈우리말 우리글 바로 알고 바로쓰기〉 지문사 1993.

이어령 〈문장백과 대사전〉 금성출판사 1991.

이윤옥 〈오염된 국어사전〉 인물과사상사 2013.

이은정 〈고운말 바른표현〉 백산출판사 1996.

임홍빈 〈뉘앙스 풀이를 겸한 우리말 사전〉 아카데미하우스 1998.

장영준, 오승연 〈품격을 높이는 우리말〉 21세기북스 2013.

정석원 〈재미있는 한자여행-단어의 세계〉 김영사 1994.

정승철 〈한국의 방언과 방언학〉 태학사 2013.

정춘수 〈한번은 한문 공부〉부 키(주) 2018.

최경봉 〈우리말의 탄생〉 책과 함께 2019.

# 헷갈리기 쉬운 생활 속 우리말

**펴 낸 날**    2021년 04월 20일

**지 은 이**    최점현
**펴 낸 이**    이기성
**편집팀장**    이윤숙
**기획편집**    서해주, 윤가영, 이지희
**표지디자인**  서해주
**책임마케팅**  강보현, 김성욱
**펴 낸 곳**    도서출판 생각나눔
**출판등록**    제 2018-000288호
**주    소**    서울 잔다리로7안길 22, 태성빌딩 3층
**전    화**    02-325-5100
**팩    스**    02-325-5101
**홈페이지**    www.생각나눔.kr
**이 메 일**    bookmain@think-book.com